CADERNO DO FUTURO

Simples e prático

Matemática

1º ano
ENSINO FUNDAMENTAL

IBEP
4ª edição
São Paulo – 2022

Coleção Caderno do Futuro
Matemática 1º ano
© IBEP, 2022

Diretor superintendente	Jorge Yunes
Gerente editorial	Célia de Assis
Editora	Mizue Jyo
Colaboração	Carolina França Bezerra
Revisão	Pamela P. Cabral da Silva
Ilustrações	Ilustra Cartoon, Shutterstock, Laureni Fochetto, Ulhoa Cintra, Edson Antunes/N-Public, Karina F./Conexão, Mariana Matsuda
Produção gráfica	Marcelo Ribeiro
Assistente de produção gráfica	William Ferreira Sousa
Projeto gráfico e capa	Aline Benitez
Diagramação	Gisele Gonçalves

Dados Internacionais de Catalogação na Publicação (CIP) de acordo com ISBD

P289c
   Passos, Célia

   Caderno do Futuro: Matemática / Célia Passos, Zeneide Silva. - São Paulo : IBEP - Instituto Brasileiro de Edições Pedagógicas, 2022.
   128 p. : il. ; 24cm x 30cm. – (Caderno do Futuro ; v.1)

   Inclui índice.
   ISBN: 978-65-5696-290-0 (aluno)
   ISBN: 978-65-5696-291-7 (professor)

   1. Ensino Fundamental Anos Iniciais. 2. Livro didático. 3. Matemática. 4. Astronomia. 5. Meio ambiente. 6. Seres Vivos. 7. Materiais. 8. Prevenção de doenças. I. Silva, Zeneide. II. Título. III. Série.

                                            CDD 372.07
2022-2789   CDU 372.4

Elaborado por Vagner Rodolfo da Silva - CRB-8/9410
Índice para catálogo sistemático:
1. Educação - Ensino fundamental: Livro didático 372.07
2. Educação - Ensino fundamental: Livro didático 372.4

Impressão Leograf - Maio 2024

4ª edição - São Paulo - 2022
Todos os direitos reservados.

IBEP

Rua Gomes de Carvalho, 1306, 11º andar, Vila Olímpia
São Paulo – SP – 04547-005 – Brasil – Tel.: (11) 2799-7799
www.editoraibep.com.br

SUMÁRIO

BLOCO 1 · Números 4
A ideia de quantidade
Tem mais, tem menos, tem mesma quantidade
Números de 1 a 10

BLOCO 2 · Grandezas e medidas .. 19
NOÇÕES DE GRANDEZA
Mais alto, mais baixo
Mais comprido, mais curto, mais longo
Mais fino, mais grosso
Maior, menor, do mesmo tamanho
Mais pesado, mais leve
Cabe mais, cabe menos

BLOCO 3 · Números 25
A ordem dos números naturais
Ordem crescente, ordem decrescente

BLOCO 4 · Geometria 28
LOCALIZAÇÃO
Dentro, fora
Em cima, embaixo, na frente, atrás
Direita e esquerda

BLOCO 5 · Números 34
ADIÇÃO E SUBTRAÇÃO COM NÚMEROS ATÉ 9
Adição
Subtração

BLOCO 6 · Números 43
Número 10
Dezena
Meia dezena

BLOCO 7 · Geometria 47
FIGURAS GEOMÉTRICAS
Linhas retas e linhas curvas
Linhas abertas e linhas fechadas
Triângulo, retângulo, quadrado, círculo

BLOCO 8 · Números 51
Números de 11 a 19
Uma dúzia e meia dúzia

BLOCO 9 · Números 57
Números ordinais
Números que não representam quantidades

BLOCO 10 · Pensamento algébrico 63
Quem é o elemento intruso?
SEQUÊNCIAS
Sequências repetitivas
Sequências recursivas

BLOCO 11 · Geometria 67
FIGURAS GEOMÉTRICAS ESPACIAIS
Sólidos geométricos: cone, cilindro, esfera, bloco

BLOCO 12 · Números 71
Dezenas exatas até 90

BLOCO 13 · Números 74
Números de 20 a 29
Números de 30 a 39
Números de 40 a 49
Números de 50 a 59

BLOCO 14 · Números 87
Números pares e números ímpares

BLOCO 15 · Grandezas e medidas 90
MEDIDA DE TEMPO
Dia e noite
Dias da semana
Os meses do ano
Data
Ordem dos acontecimentos

BLOCO 16 · Grandezas e medidas 100
NOSSO DINHEIRO
Moedas do real
Cédulas do real
Trocas que podemos fazer
Situações de compra e troco

BLOCO 17 · Probabilidade e Estatística 106
Noção de acaso
Gráficos e tabelas

Material de apoio 111

Bloco 1: Números

CONTEÚDO
- A ideia de quantidade
- Tem mais, tem menos, tem mesma quantidade
- Números de 1 a 10

A ideia de quantidade

Tem mais, tem menos, tem mesma quantidade

1. Pinte o grupo que tem menos elementos.

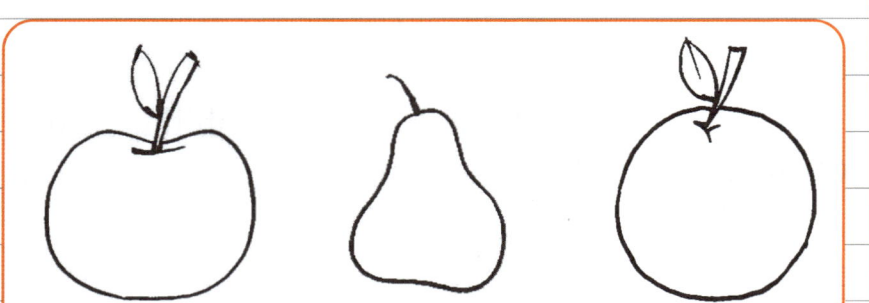

2. Pinte o grupo que tem mais elementos.

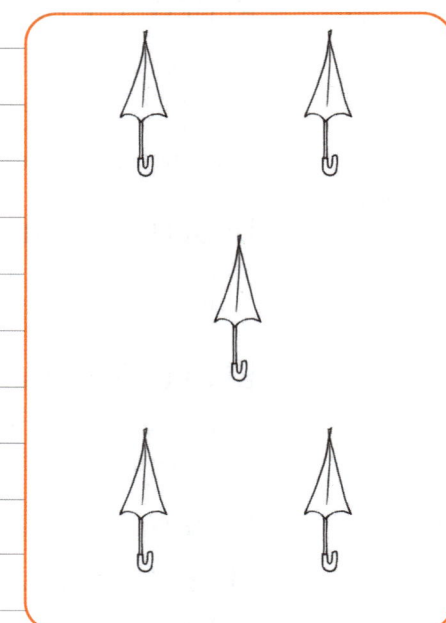

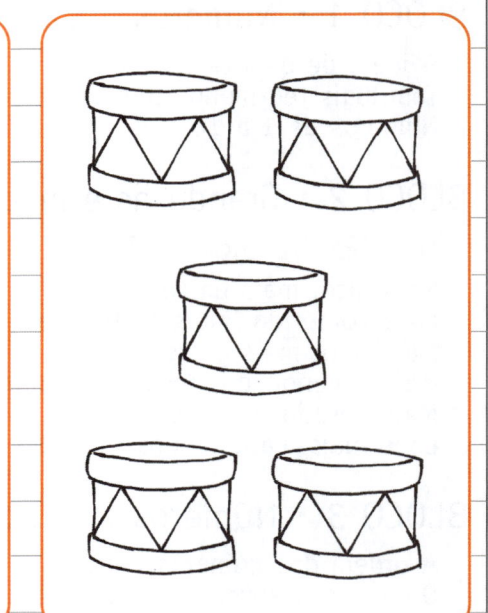

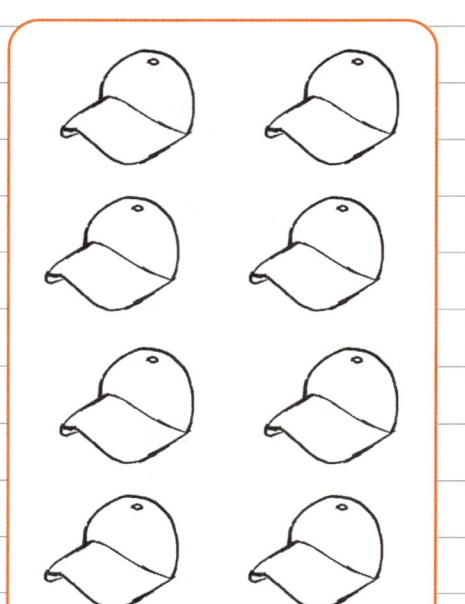

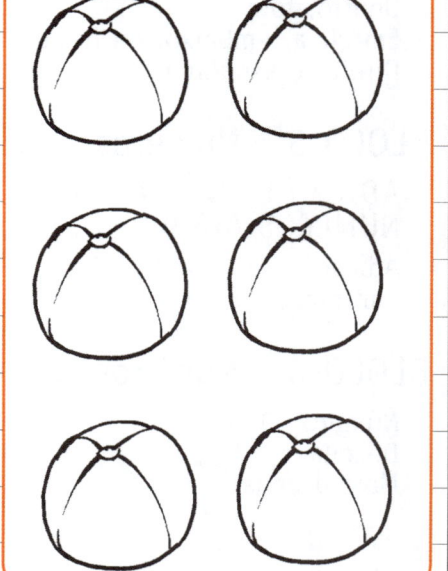

3. Pinte os objetos do grupo que tem menos elementos.

4. Ligue os grupos que têm a mesma quantidade de elementos.

5. Temos um grupo de bolas. No quadro ao lado, desenhe um grupo com menos bolas.

6. Desenhe mais elementos do que tem o grupo de balões.

7. Desenhe menos elementos do que o grupo de pipas.

8. Desenhe a mesma quantidade de elementos do grupo de lápis.

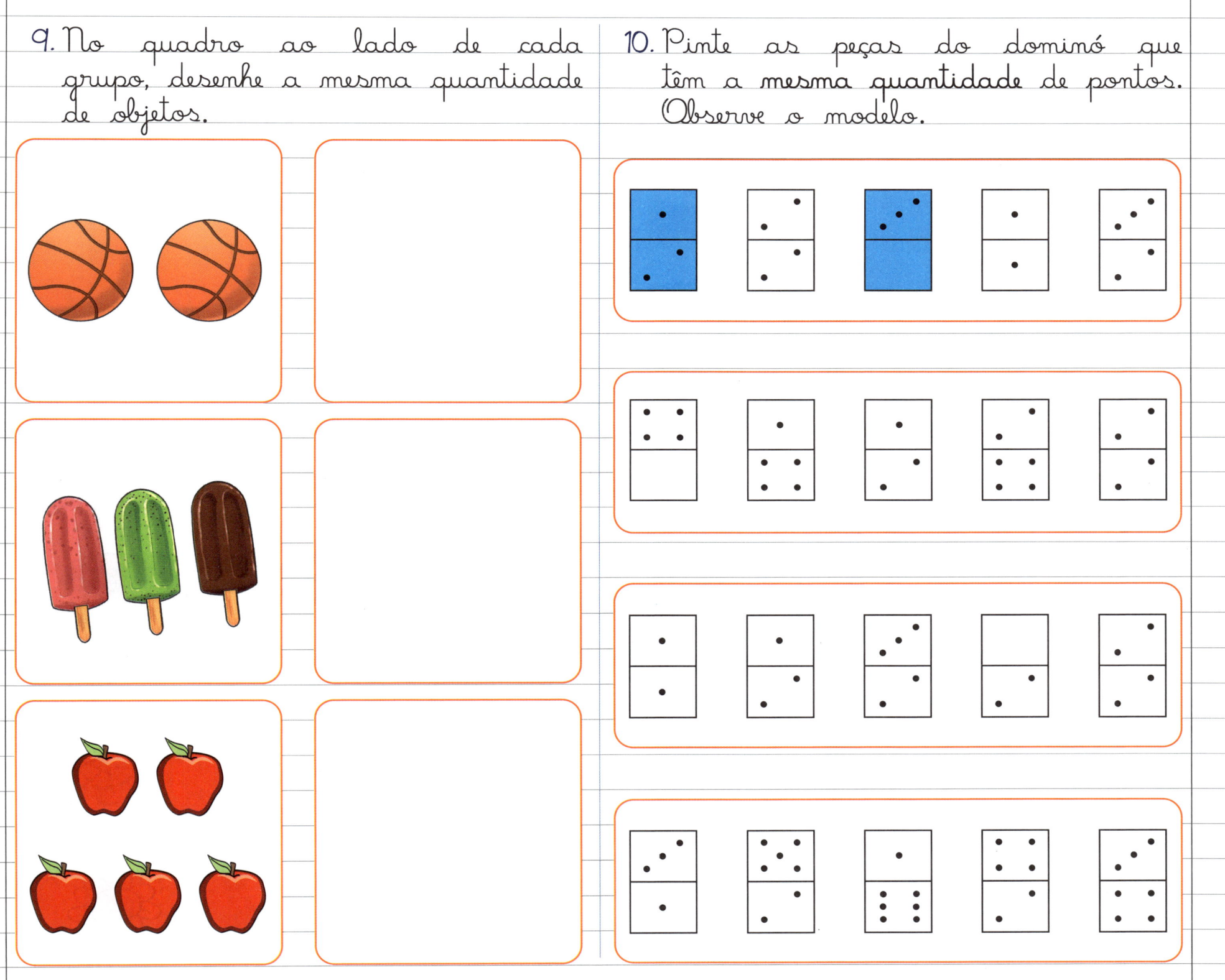

9. No quadro ao lado de cada grupo, desenhe a mesma quantidade de objetos.

10. Pinte as peças do dominó que têm a mesma quantidade de pontos. Observe o modelo.

7

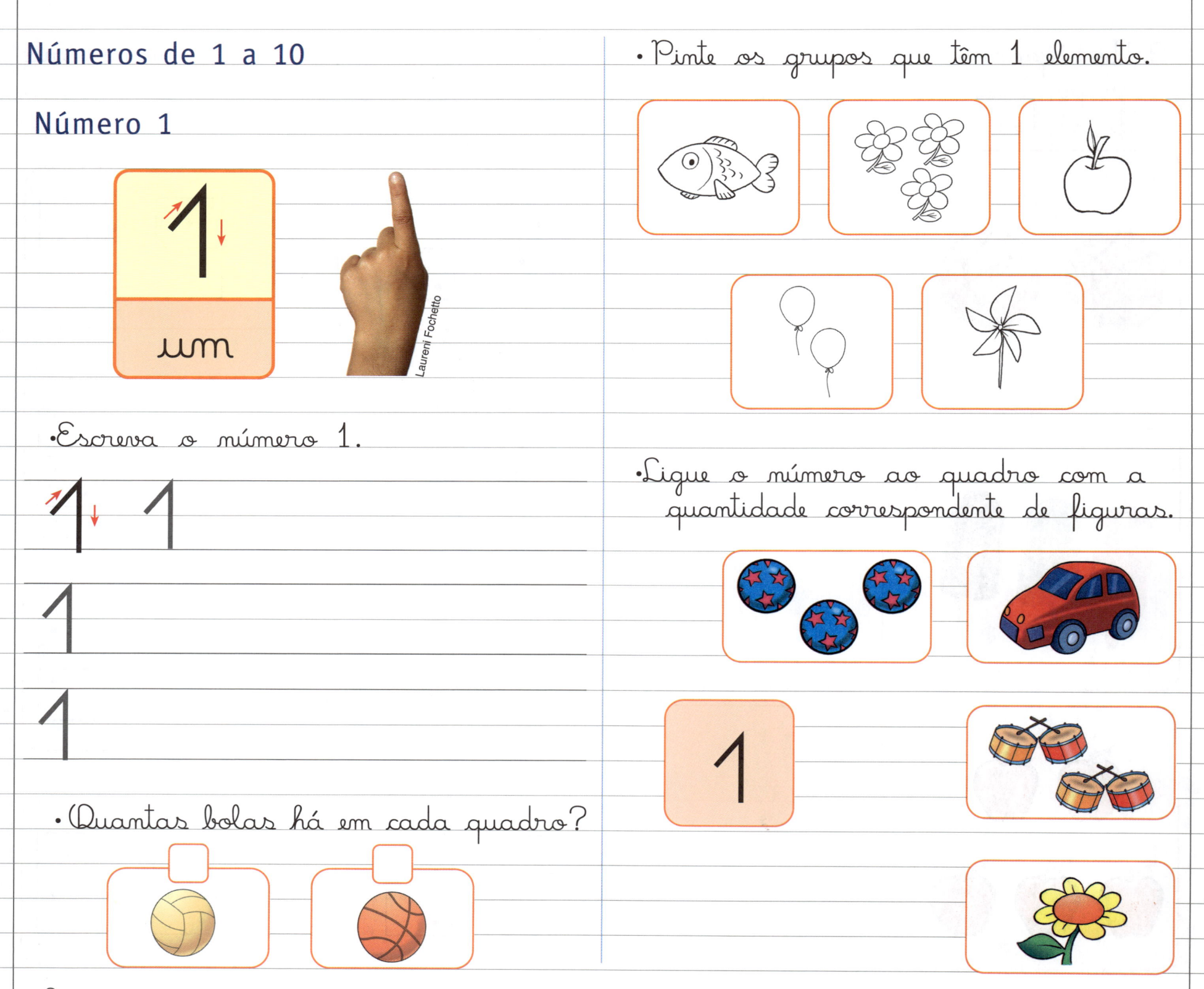

Números de 1 a 10

Número 1

um

- Escreva o número 1.

- Quantas bolas há em cada quadro?

- Pinte os grupos que têm 1 elemento.

- Ligue o número ao quadro com a quantidade correspondente de figuras.

Número 2

2
dois

- Escreva o número 2.

2 2

2

2

- Quantas balas há em cada quadro?

- Marque um **X** nos grupos com 2 elementos.

- O que falta nestes quadros? Complete-os.

2   2

Número 3

• Escreva o número 3.

3 3

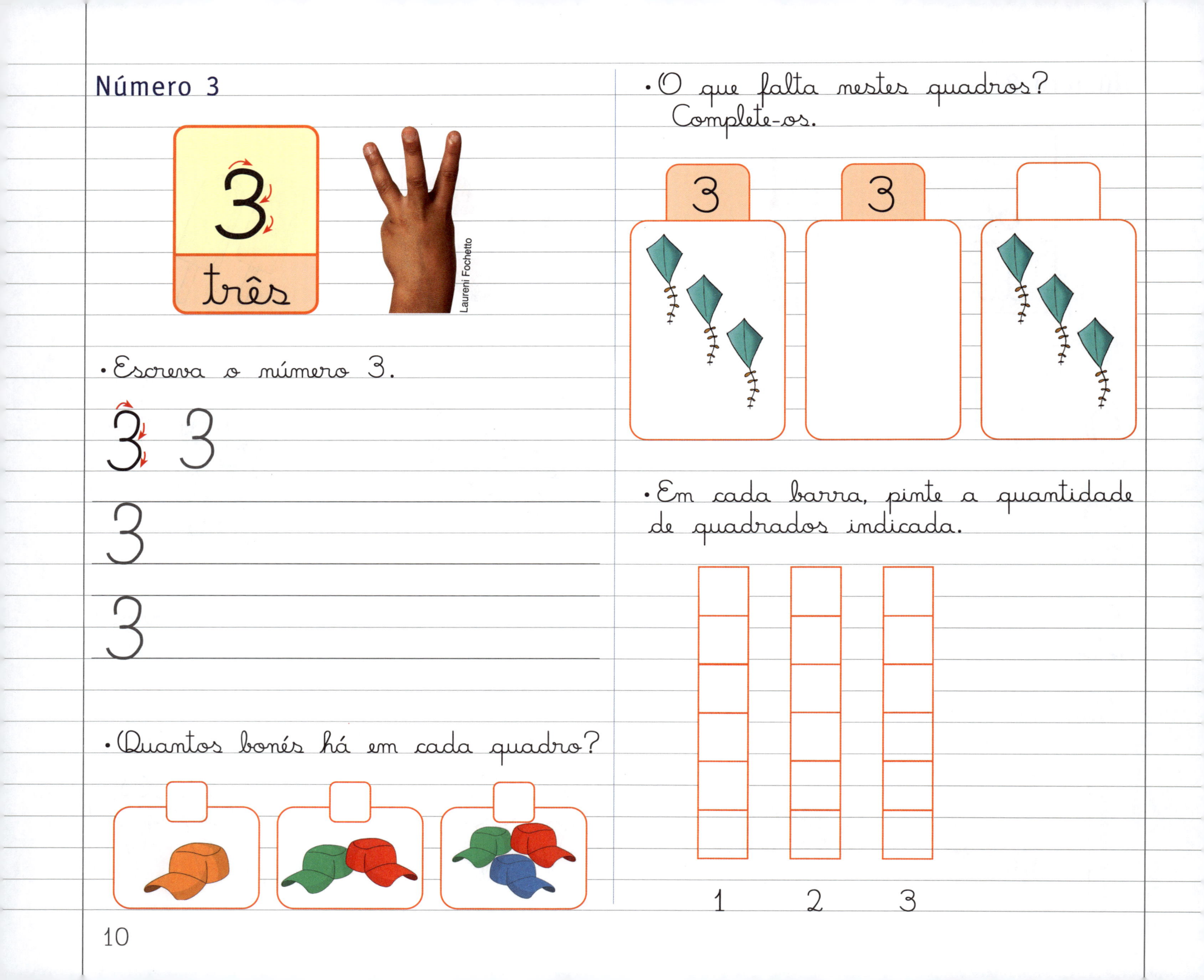

3

3

• Quantos bonés há em cada quadro?

• O que falta nestes quadros? Complete-os.

| 3 | 3 | |

• Em cada barra, pinte a quantidade de quadrados indicada.

1   2   3

Número 4

quatro

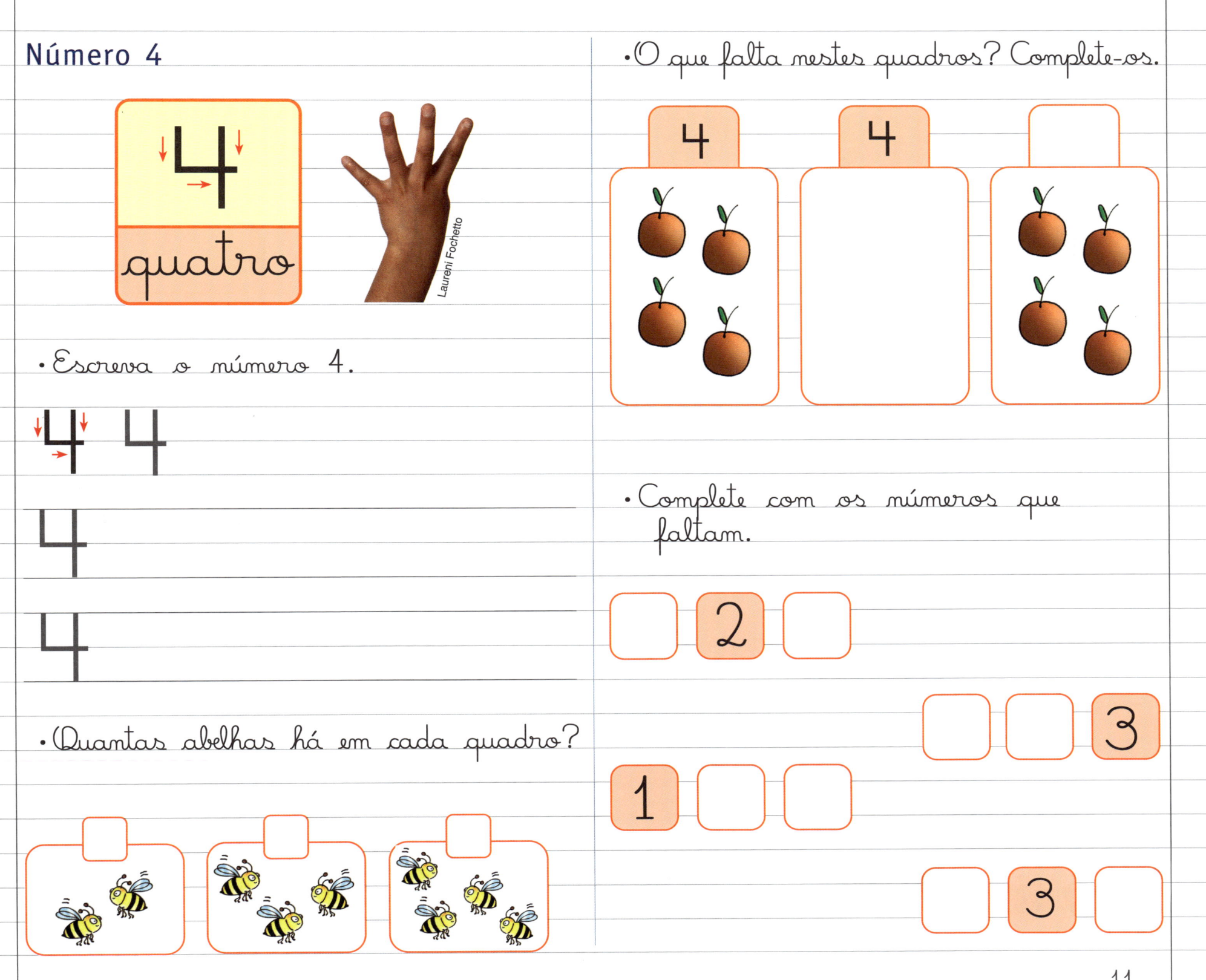

- Escreva o número 4.

- Quantas abelhas há em cada quadro?

- O que falta nestes quadros? Complete-os.

4   4

- Complete com os números que faltam.

| | 2 | |

| | | 3 |

| 1 | | |

| | 3 | |

11

Número 5

5
cinco

• Escreva o número 5.

5 5

5

5

• Quantos corações há em cada quadro?

• Em cada caso, circule o grupo que corresponde ao número da etiqueta.

1
2
3
4
5
6

Número 6

6
seis

- Escreva o número 6.

6 6

6

6

- Quantas laranjas há em cada quadro?

- Complete os quadros para que fiquem com 6 elementos em cada um. Escreva nas etiquetas o número 6.

- Desenhe os elementos pedidos e escreva na etiqueta o número 6.

seis pipas

Número 7

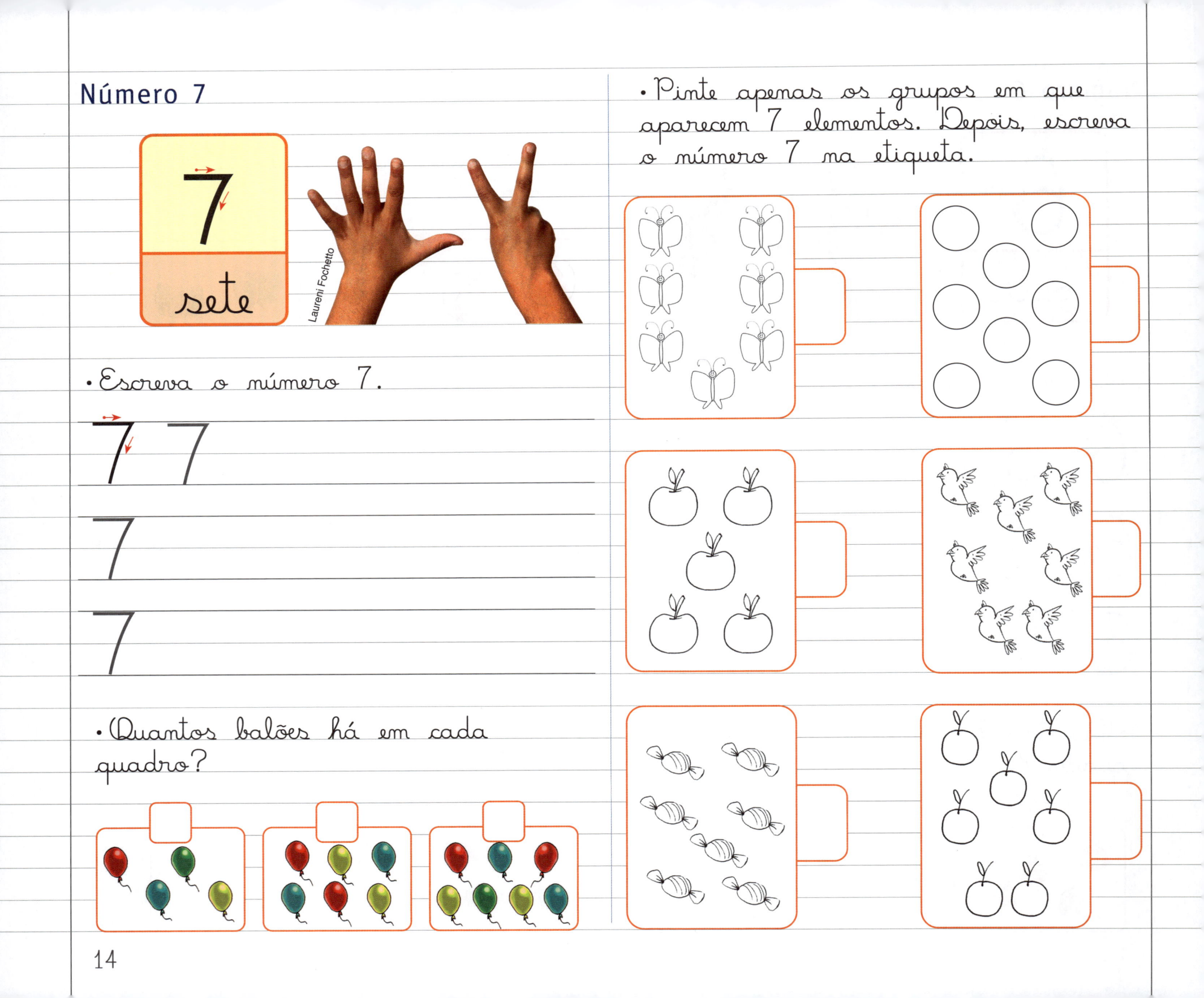

7
sete

- Escreva o número 7.

7 7

7

7

- Quantos balões há em cada quadro?

- Pinte apenas os grupos em que aparecem 7 elementos. Depois, escreva o número 7 na etiqueta.

Número 8

oito

- Escreva o número 8.

8   8

8

8

- Quantos sorvetes há em cada quadro?

- O que falta nestes quadros? Complete-os.

8   8

- Complete até formar 8 elementos em cada grupo.

Número 9

9
nove

• Escreva o número 9.

9 9
9
9

• Quantos lápis há em cada quadro?

• Conte e escreva o número de elementos em cada quadro.

Número 0

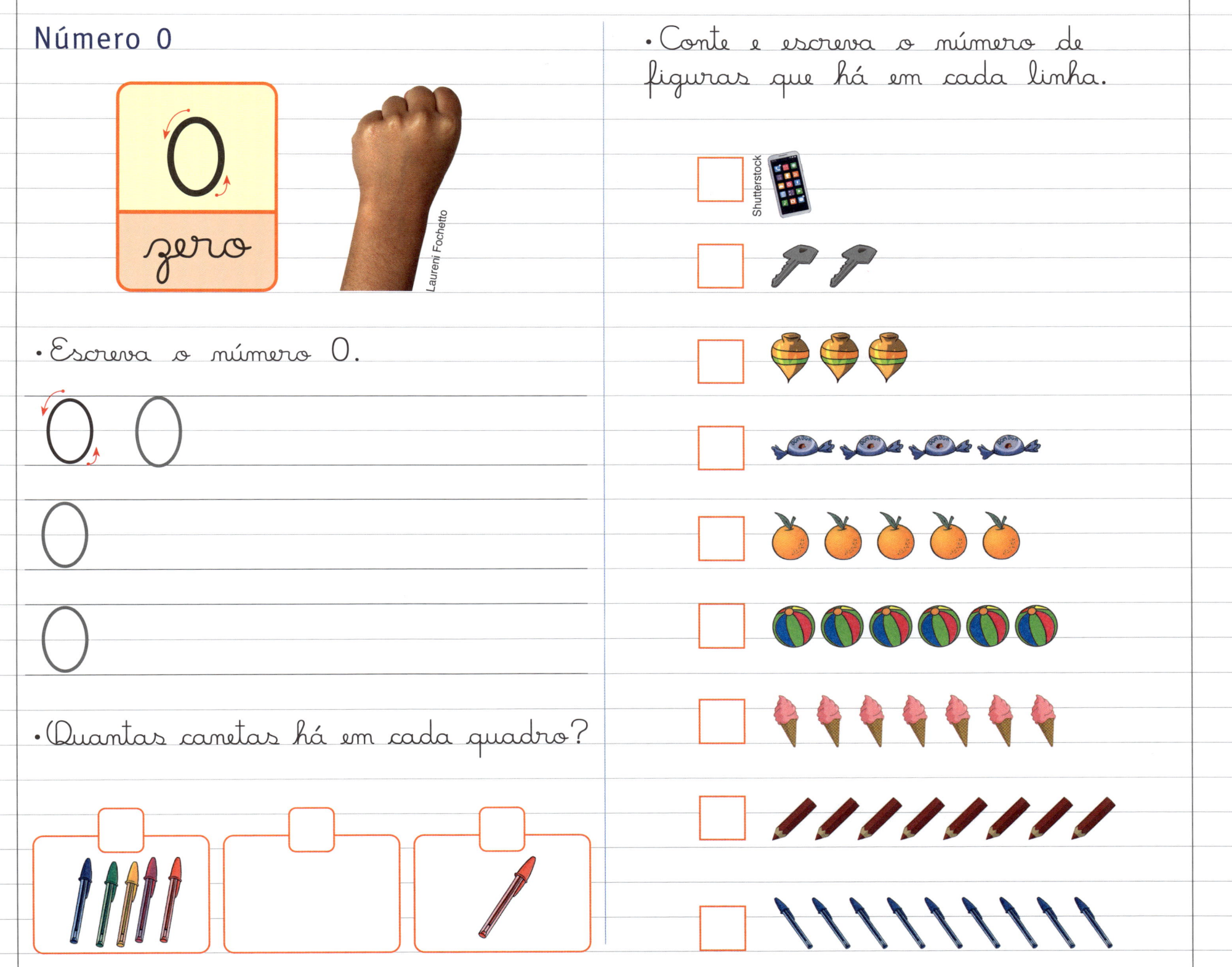

0
zero

- Escreva o número 0.

- Quantas canetas há em cada quadro?

- Conte e escreva o número de figuras que há em cada linha.

17

Escreva os números.

1 1

2 2

3 3

4 4

5 5

6 6

7 7

8 8

9 9

0 0

10 10

Bloco 2: Grandezas e medidas

CONTEÚDO

NOÇÕES DE GRANDEZA

- Mais alto, mais baixo
- Mais comprido, mais curto, mais longo
- Mais fino, mais grosso
- Maior, menor, do mesmo tamanho
- Mais pesado, mais leve
- Cabe mais, cabe menos

NOÇÕES DE GRANDEZA

Mais alto, mais baixo

1. Assinale com X a árvore mais alta.

2. Desta vez, assinale com X a árvore mais baixa.

3. Circule duas árvores que tenham alturas iguais.

4. Qual é a árvore mais alta? Marque um X.

5. Descubra os nomes das crianças e escreva os nomes nas posições corretas.

a) Leia as dicas.

- Ana é a mais baixa.
- Carla é mais alta que Rute.
- Maria é mais baixa que Rute.

b) Leia estas dicas.

- Sandro é mais baixo que Fábio.
- Fábio é mais baixo que José.

_____ _____ __Rute__ _____

_____ __Fábio__ _____

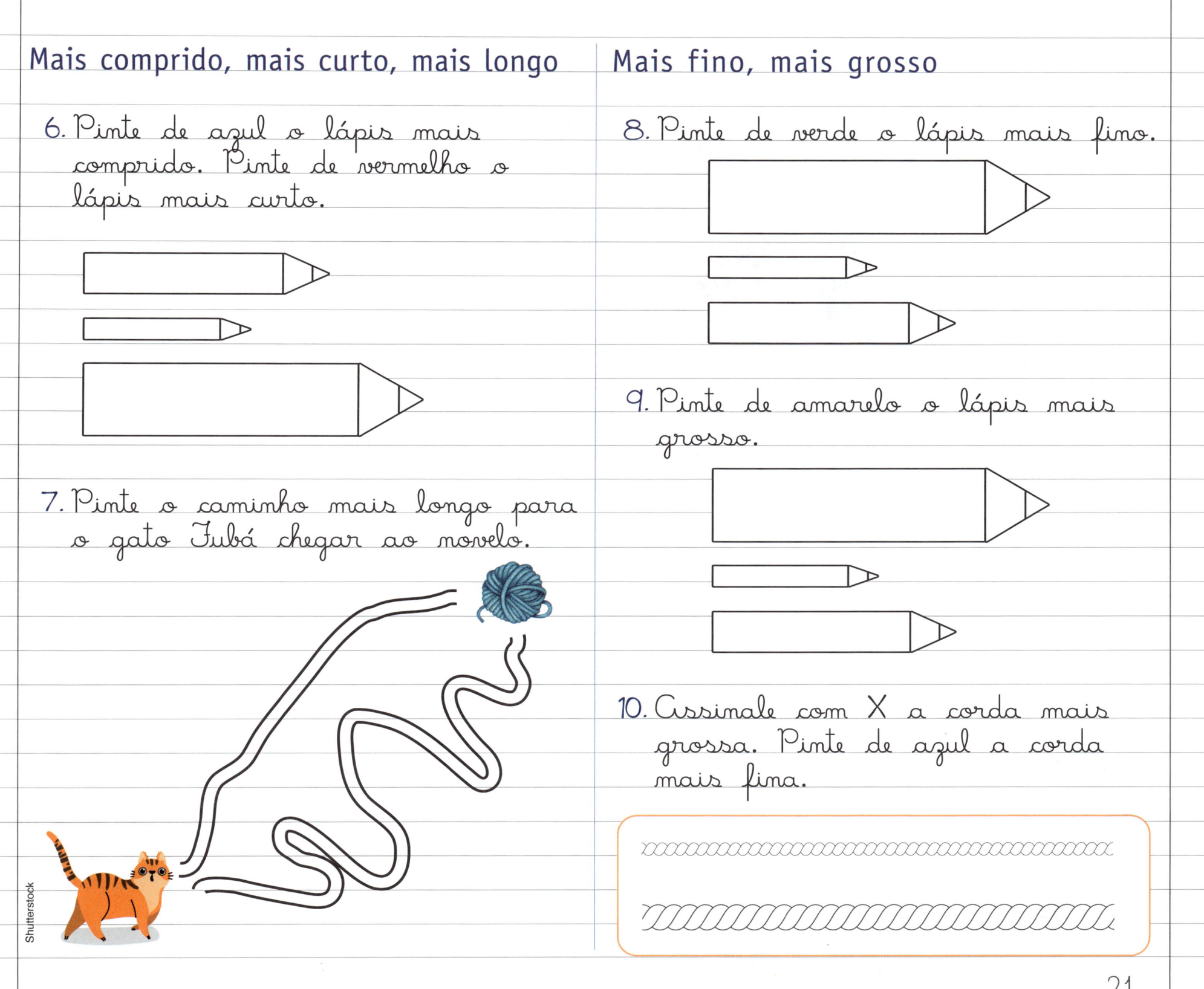

Mais comprido, mais curto, mais longo

6. Pinte de azul o lápis mais comprido. Pinte de vermelho o lápis mais curto.

7. Pinte o caminho mais longo para o gato Fubá chegar ao novelo.

Mais fino, mais grosso

8. Pinte de verde o lápis mais fino.

9. Pinte de amarelo o lápis mais grosso.

10. Assinale com X a corda mais grossa. Pinte de azul a corda mais fina.

21

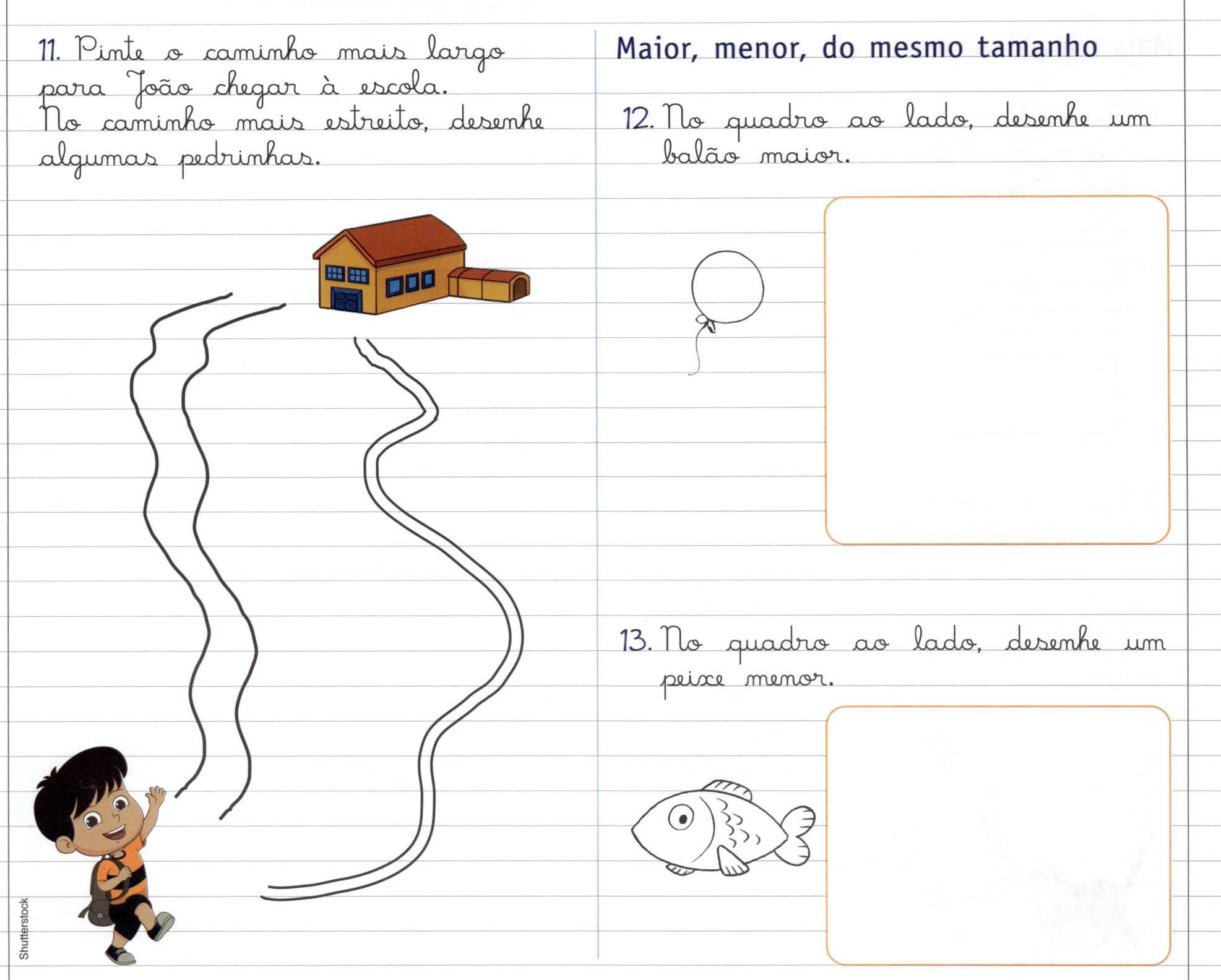

11. Pinte o caminho mais largo para João chegar à escola.
No caminho mais estreito, desenhe algumas pedrinhas.

Maior, menor, do mesmo tamanho

12. No quadro ao lado, desenhe um balão maior.

13. No quadro ao lado, desenhe um peixe menor.

22

14. Circule 2 botões que tenham o mesmo tamanho.

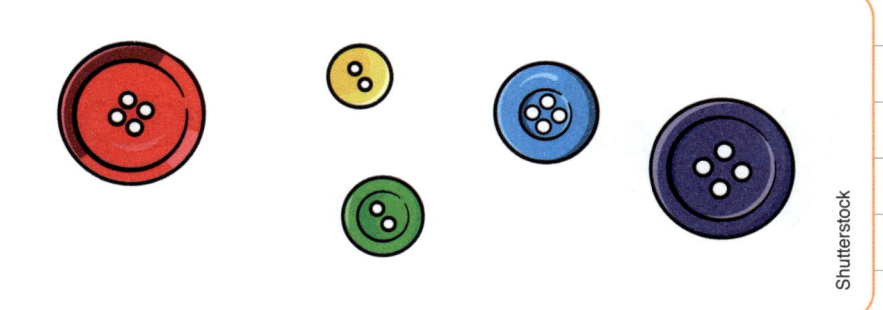

15. Observe o balão azul.

   a) Pinte de amarelo os balões maiores do que o balão azul.

   b) Pinte de vermelho os balões menores do que o balão azul.

Mais pesado, mais leve

16. Em cada item, assinale com X o que você acha que é mais pesado.

   a)

   b)

17. Assinale com X o que você acha que é mais leve.

   a)

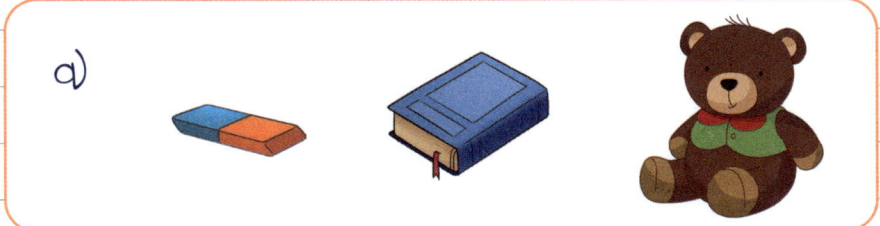

   b)

Cabe mais, cabe menos

18. Pinte de azul a cesta onde cabe mais frutas.

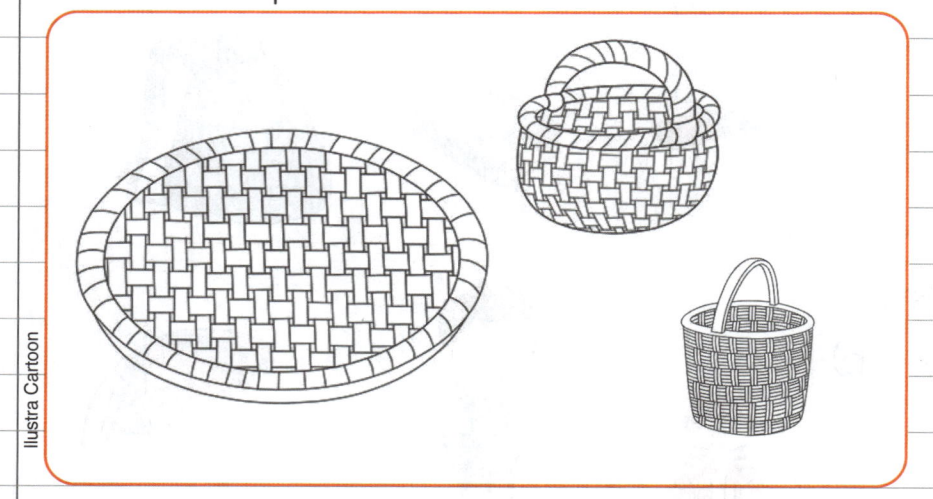

19. Pinte de amarelo a cesta onde cabe menos frutas.

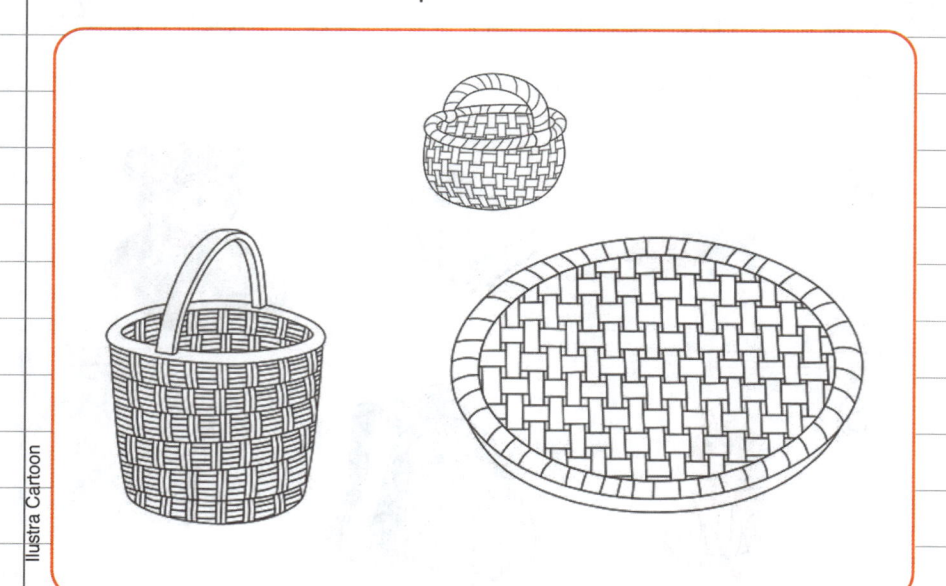

20. Assinale com X o recipiente onde cabe mais leite.

21. Circule o recipiente onde cabe mais água.

24

Bloco 3: Números

CONTEÚDO
- A ordem dos números naturais
- Ordem crescente, ordem decrescente

Ordem crescente, ordem decrescente

Ordem crescente: do menor para o maior.

Ordem decrescente: do maior para o menor.

A ordem dos números naturais

1. Complete, observando a ordem dos números naturais.

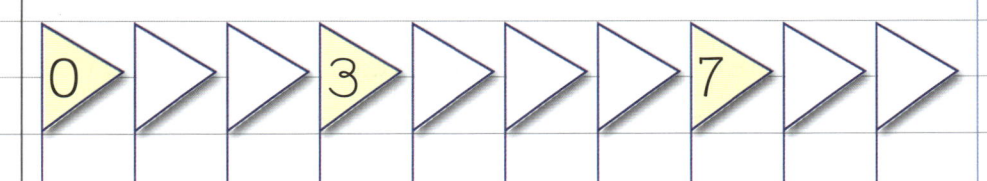

    0 ▷ ▷ ▷ 3 ▷ ▷ ▷ ▷ 7 ▷ ▷ ▷

    0   2   5   9

    9   0

    9   3   1   0

2. Escreva os números abaixo na ordem solicitada.

    5 1 8 2 3 9 0 7 6 4

    a) Do menor para o maior:

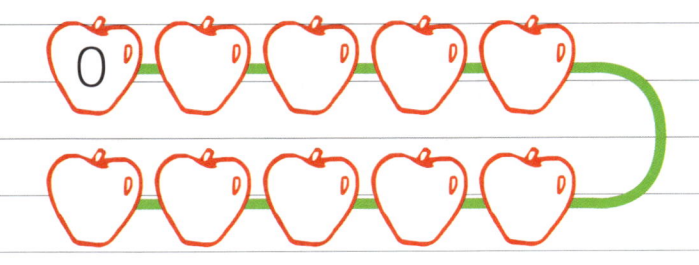

    0

    b) Do maior para o menor:

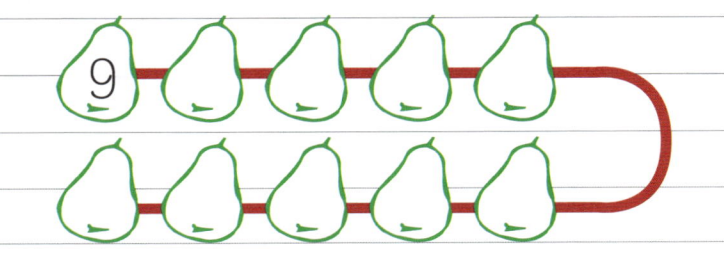

    9

3. Escreva o número que está faltando.

2		4		3		5		8		10
1		3		6		8		7		9
4		6		0		2		5		7

5. Qual é o número que vem depois?

2			5			8	
4			3			1	
6			0			7	

4. Qual é o número que vem antes?

	3			6			8
	5			9			2
	7			1			4

6. Quem são os vizinhos? Escreva o número que vem antes e o número que vem depois.

	4			7			2	
	6			3			1	
	8			5	

7. Observe as bandeiras com os números. Ordene as bandeiras em ordem crescente (do menor para o maior).

| 1 | 8 | 4 | 2 | 6 | 3 | 9 | 7 | 5 |

| 1 | | | | | | | | |

8. Complete as sequências com os números que estão faltando.

| 0 | | | 3 | | | | 7 | | |

| | 1 | | | | 5 | | | | 9 |

| | | 2 | | 4 | | | | 8 | |

9. Observe as bolas com os números. Escreva os números em ordem decrescente (do maior para o menor).

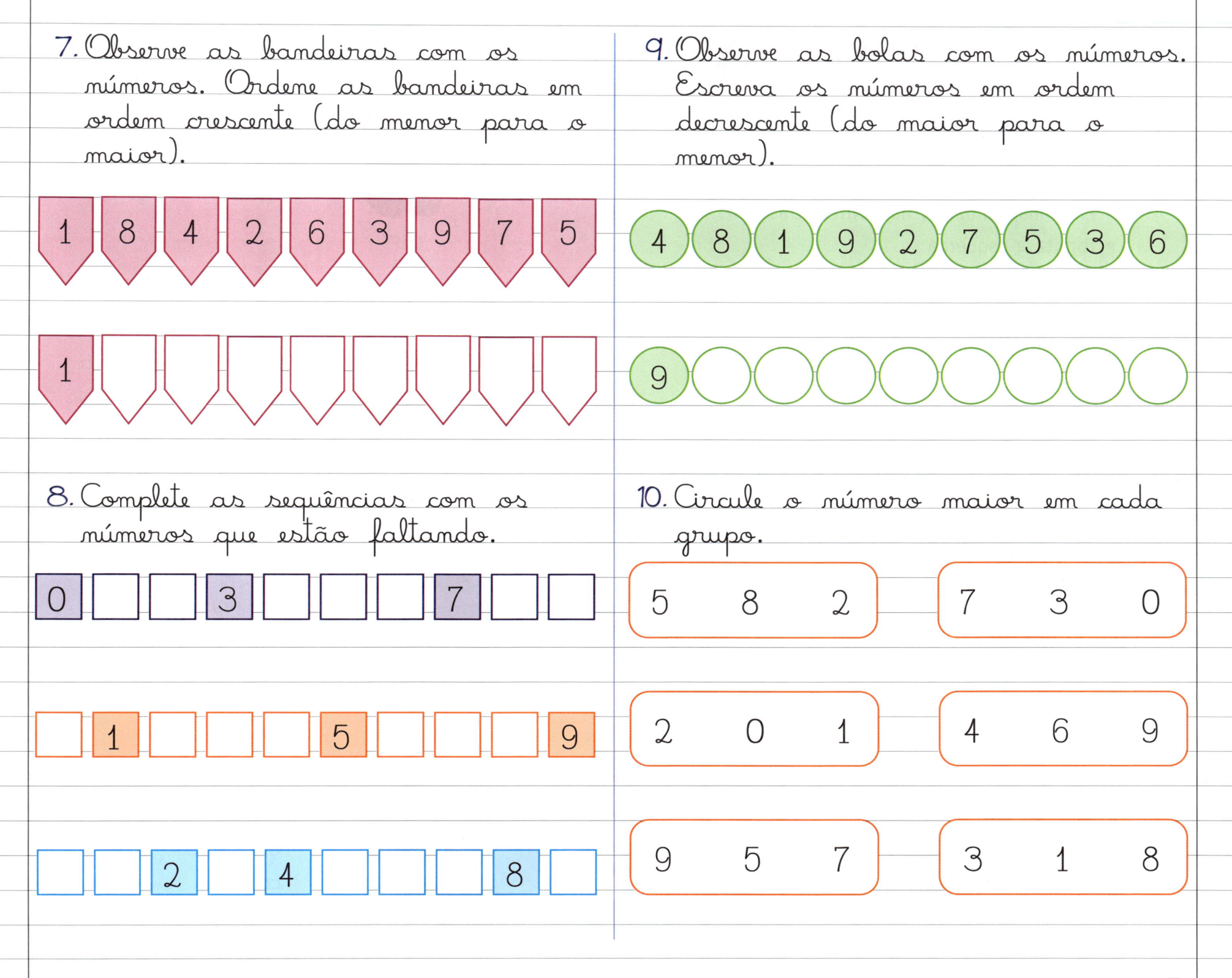

| 4 | 8 | 1 | 9 | 2 | 7 | 5 | 3 | 6 |

| 9 | | | | | | | | |

10. Circule o número maior em cada grupo.

| 5 8 2 | | 7 3 0 |

| 2 0 1 | | 4 6 9 |

| 9 5 7 | | 3 1 8 |

Bloco 4: Geometria

CONTEÚDO

LOCALIZAÇÃO
- Dentro, fora
- Em cima, embaixo, na frente, atrás
- Direita e esquerda

LOCALIZAÇÃO

Dentro, fora

Em cima, embaixo, na frente, atrás

A bola está *dentro* da caixa.

O pato está *fora* da caixa.

O ursinho está *na frente* da caixa.

O ursinho está *atrás* da caixa.

O pato está *em cima* da caixa.

O livro está *embaixo* da caixa.

1. Complete com as palavras em cima, embaixo, na frente, atrás.

O carrinho está _____ da mesa.
O pato está _____ da mesa.

O avião está _____ da mesa.
O gato está _____ da mesa.

A caixa está _____ da boneca.
A boneca está _____ da caixa.

O pião está _____ da mesa.
O pato está _____ da mesa.

29

2. Observe a figura.
- Pinte de verde as maçãs que estão dentro da cesta.
- Pinte de vermelho as maçãs fora da cesta.

3. Desenhe uma cerca colocando 12 aves dentro do cercado.

4. Escreva duas frases para esta imagem. Pinte a figura se quiser.

_____
_____
_____
_____
_____

5. Observe a figura da mesa.
- Desenhe um livro em cima da mesa.
- Desenhe uma cesta de lixo embaixo da mesa.

Direita e esquerda

José aponta para seu lado **direito**.

João aponta para seu lado **esquerdo**.

6. Observe com atenção cada figura.

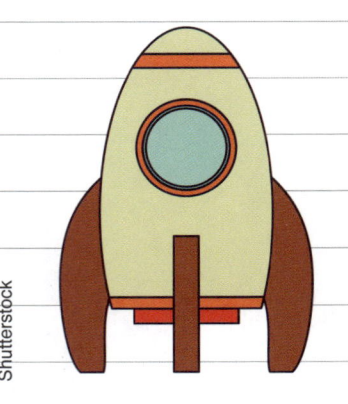

Desenhe uma bola do lado direito do foguete.

Desenhe um lápis do lado esquerdo do sorvete.

- Marque um X na mão direita de Junior.
- Circule a mão esquerda de Junior.

- Marque um X na mão direita de Junior.
- Circule a mão esquerda de Junior.

7. Observe com atenção cada figura.

Os patos estão nadando para o lado _____ do meu livro.

Joana segura a garrafa com a mão _____ .

O gato está caminhando para o lado _____ do meu livro.

João está com o pé _____ para a frente.

Beto segura o vaso com a mão _____ .
Beto segura a pá com a mão _____ .

Téo segura a mão _____ de Ana.

Bloco 5: Números

CONTEÚDO

ADIÇÃO E SUBTRAÇÃO COM NÚMEROS ATÉ 9
- Adição
- Subtração

ADIÇÃO E SUBTRAÇÃO COM NÚMEROS ATÉ 9

1. Em cada caso, conte o número de elementos e desenhe o total. Observe o exemplo:

    🍎🍎 mais 🍎 é igual a

    🍃🍃 mais 🍃 é igual a

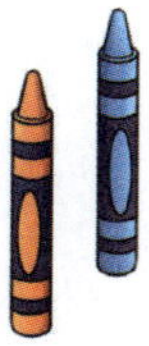

    🖍🖍 mais 🖍🖍🖍 é igual a

Adição

2. Observe os desenhos dos cachorrinhos.

    Havia...
    🐶 🐶 🐶 🐶

    Havia ☐ 🐶 .

    Chegaram...
    🐶 🐶

    Chegaram ☐ 🐶 .

    Ficaram...
    🐶 🐶 🐶 🐶 🐶 🐶

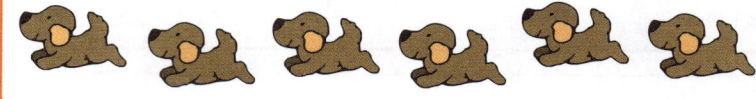

    Agora há ☐ 🐶 .

Quatro mais dois é igual a seis.

$$4 + 2 = 6 \quad \text{ou} \quad \begin{array}{r} 4 \\ + 2 \\ \hline 6 \end{array}$$

3. Observe os desenhos e escreva as adições indicadas pelas faces dos dados.

5 + 2 = 7

☐ + ☐ = ☐

☐ + ☐ = ☐

☐ + ☐ = ☐

☐ + ☐ = ☐

☐ + ☐ = ☐

☐ + ☐ = ☐

☐ + ☐ = ☐

4. Resolva as adições.

```
  5            3            6
+ 1          + 4          + 2
----         ----         ----
```

```
  2            4            7
+ 3          + 3          + 2
----         ----         ----
```

```
  1            2            4
+ 3          + 0          + 2
----         ----         ----
```

```
  3            4            8
+ 5          + 4          + 1
----         ----         ----
```

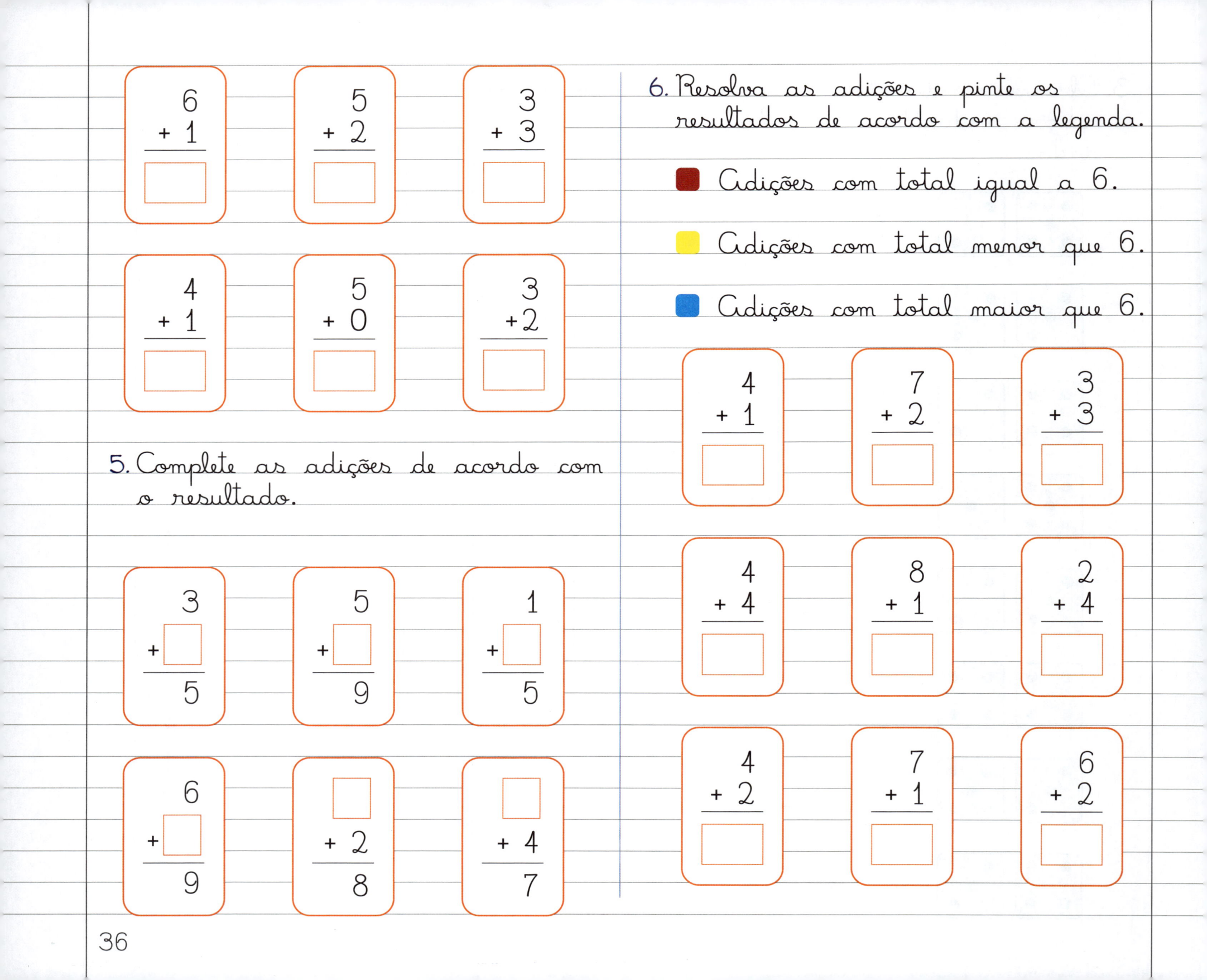

$$\begin{array}{r}6\\+\ 1\\\hline\ \square\end{array}\qquad\begin{array}{r}5\\+\ 2\\\hline\ \square\end{array}\qquad\begin{array}{r}3\\+\ 3\\\hline\ \square\end{array}$$

$$\begin{array}{r}4\\+\ 1\\\hline\ \square\end{array}\qquad\begin{array}{r}5\\+\ 0\\\hline\ \square\end{array}\qquad\begin{array}{r}3\\+2\\\hline\ \square\end{array}$$

5. Complete as adições de acordo com o resultado.

$$\begin{array}{r}3\\+\ \square\\\hline 5\end{array}\qquad\begin{array}{r}5\\+\ \square\\\hline 9\end{array}\qquad\begin{array}{r}1\\+\ \square\\\hline 5\end{array}$$

$$\begin{array}{r}6\\+\ \square\\\hline 9\end{array}\qquad\begin{array}{r}\square\\+\ 2\\\hline 8\end{array}\qquad\begin{array}{r}\square\\+\ 4\\\hline 7\end{array}$$

6. Resolva as adições e pinte os resultados de acordo com a legenda.

🟥 Adições com total igual a 6.

🟨 Adições com total menor que 6.

🟦 Adições com total maior que 6.

$$\begin{array}{r}4\\+\ 1\\\hline\ \square\end{array}\qquad\begin{array}{r}7\\+\ 2\\\hline\ \square\end{array}\qquad\begin{array}{r}3\\+\ 3\\\hline\ \square\end{array}$$

$$\begin{array}{r}4\\+\ 4\\\hline\ \square\end{array}\qquad\begin{array}{r}8\\+\ 1\\\hline\ \square\end{array}\qquad\begin{array}{r}2\\+\ 4\\\hline\ \square\end{array}$$

$$\begin{array}{r}4\\+\ 2\\\hline\ \square\end{array}\qquad\begin{array}{r}7\\+\ 1\\\hline\ \square\end{array}\qquad\begin{array}{r}6\\+\ 2\\\hline\ \square\end{array}$$

6 + 1 = ☐	3 + 0 = ☐	2 + 7 = ☐
5 + 2 = ☐	5 + 1 = ☐	3 + 2 = ☐
3 + 1 = ☐	5 + 3 = ☐	6 + 0 = ☐
2 + 1 = ☐	6 + 3 = ☐	4 + 3 = ☐

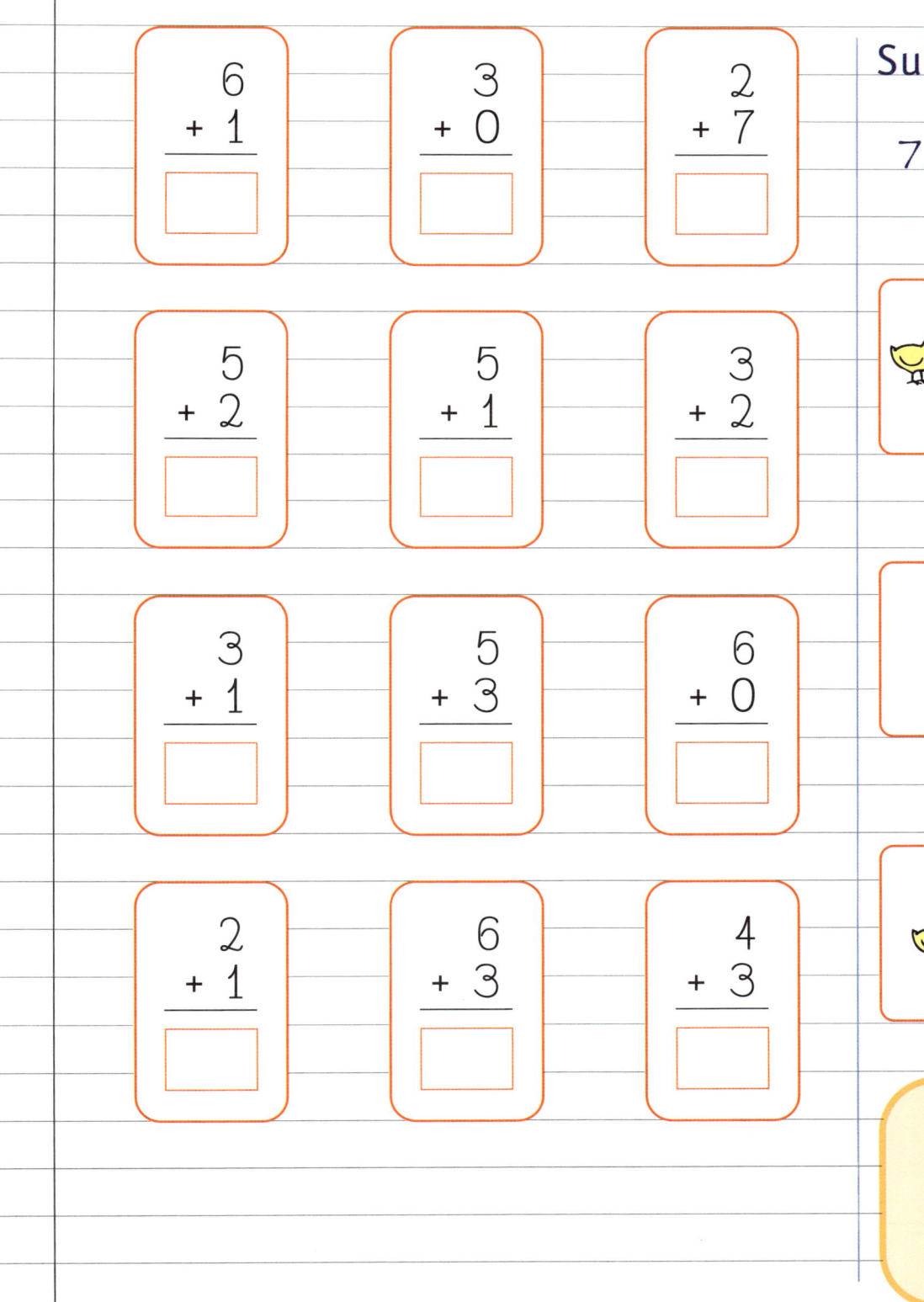

Subtração

7. Observe os desenhos dos pintinhos e complete.

Havia...

Havia ☐ 🐥.

Fugiram...

Fugiram ☐ 🐥.

Ficaram...

Ficaram ☐ 🐥.

Cinco menos dois é igual a três.

$5 - 2 = 3$ ou $\begin{array}{r} 5 \\ -2 \\ \hline 3 \end{array}$

8. Complete as subtrações.

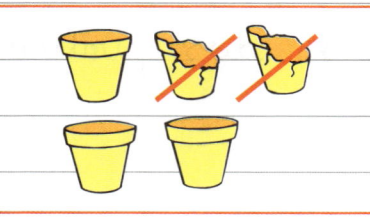

5 − 2 = 3

3 − ☐ = ☐

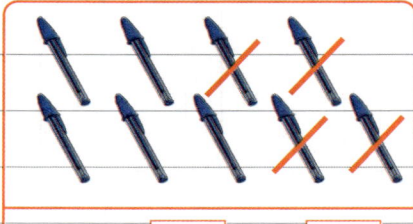

9 − ☐ = ☐

7 − ☐ = ☐

3 − ☐ = ☐

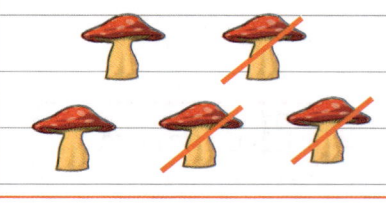

5 − ☐ = ☐

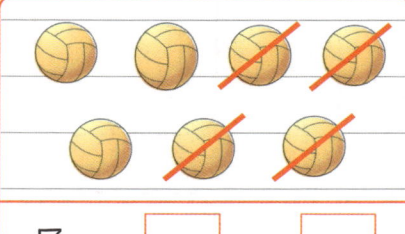

7 − ☐ = ☐

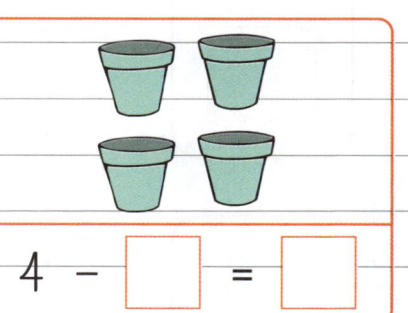

4 − ☐ = ☐

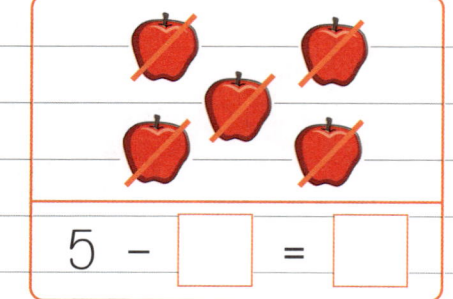

5 − ☐ = ☐

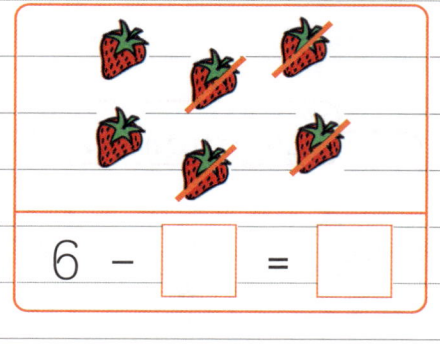

6 − ☐ = ☐

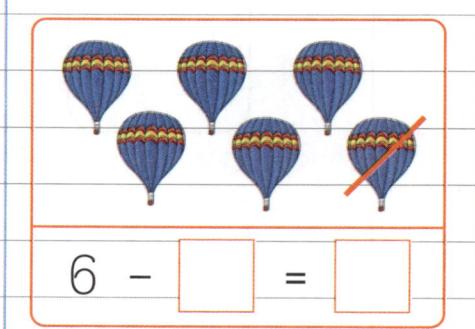

6 − ☐ = ☐

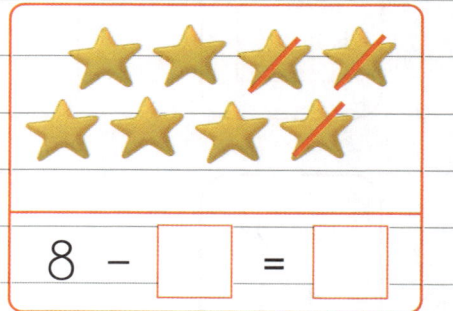

8 − ☐ = ☐

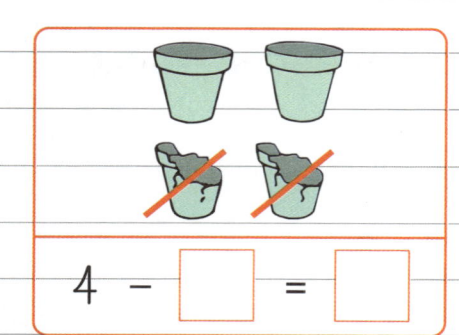

4 − ☐ = ☐

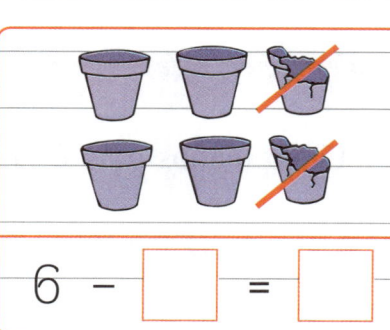

6 − ☐ = ☐

5 − ☐ = ☐

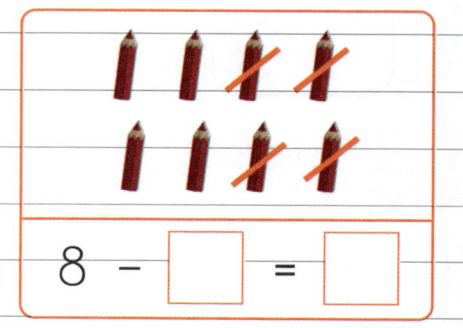

8 − ☐ = ☐

8 − ☐ = ☐   4 − ☐ = ☐

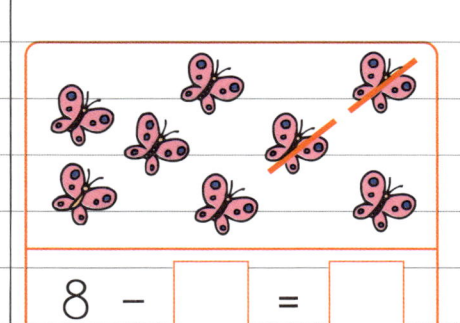

7 − ☐ = ☐   9 − ☐ = ☐

6 − ☐ = ☐   9 − ☐ = ☐

9 − ☐ = ☐   6 − ☐ = ☐

9. Resolva as subtrações.

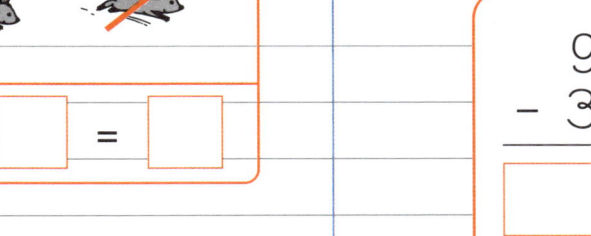

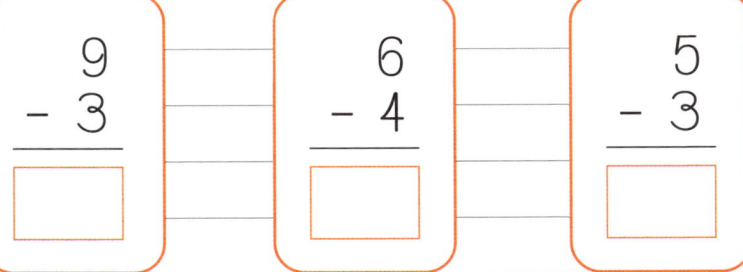

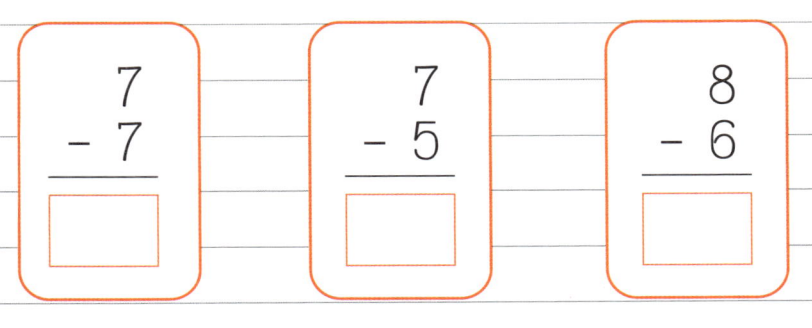

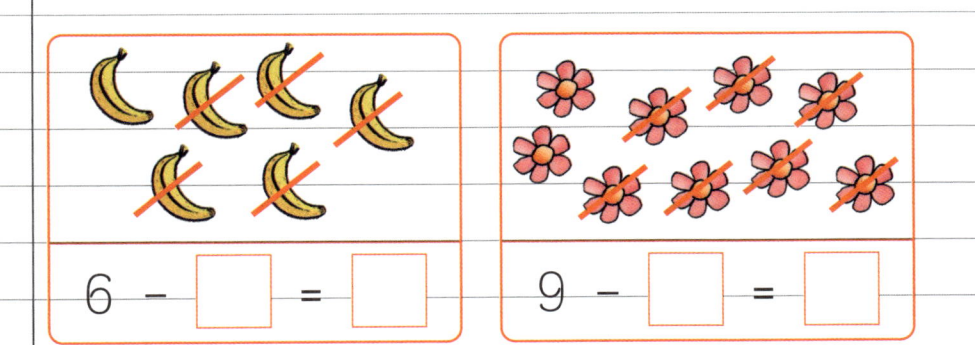

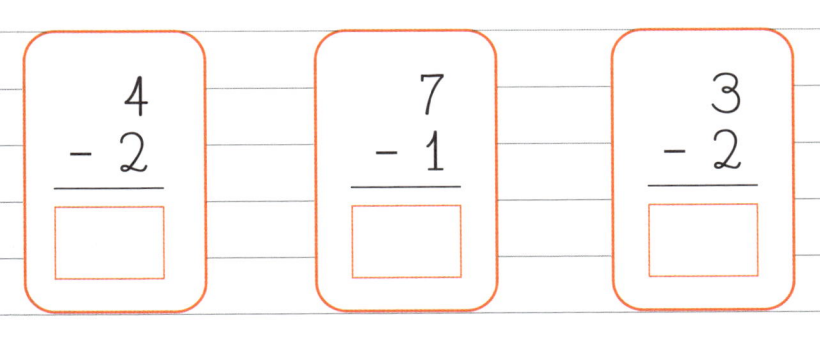

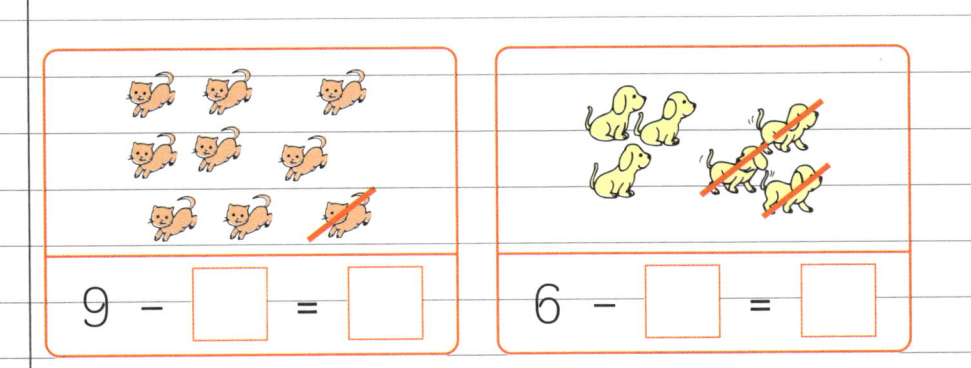

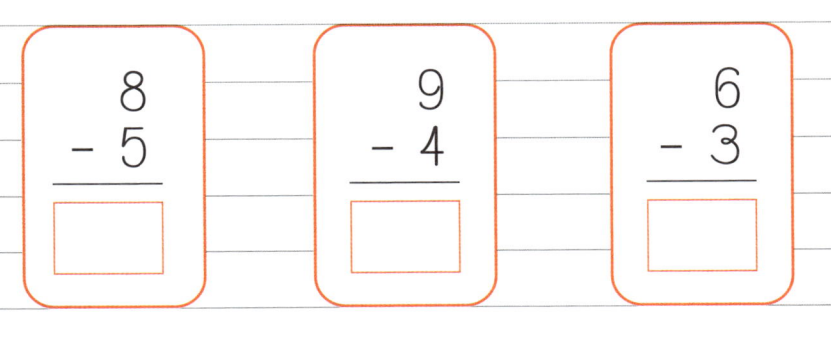

| $\begin{array}{r}9\\-3\\\hline\end{array}$ | $\begin{array}{r}6\\-4\\\hline\end{array}$ | $\begin{array}{r}5\\-3\\\hline\end{array}$ |

| $\begin{array}{r}7\\-7\\\hline\end{array}$ | $\begin{array}{r}7\\-5\\\hline\end{array}$ | $\begin{array}{r}8\\-6\\\hline\end{array}$ |

| $\begin{array}{r}4\\-2\\\hline\end{array}$ | $\begin{array}{r}7\\-1\\\hline\end{array}$ | $\begin{array}{r}3\\-2\\\hline\end{array}$ |

| $\begin{array}{r}8\\-5\\\hline\end{array}$ | $\begin{array}{r}9\\-4\\\hline\end{array}$ | $\begin{array}{r}6\\-3\\\hline\end{array}$ |

39

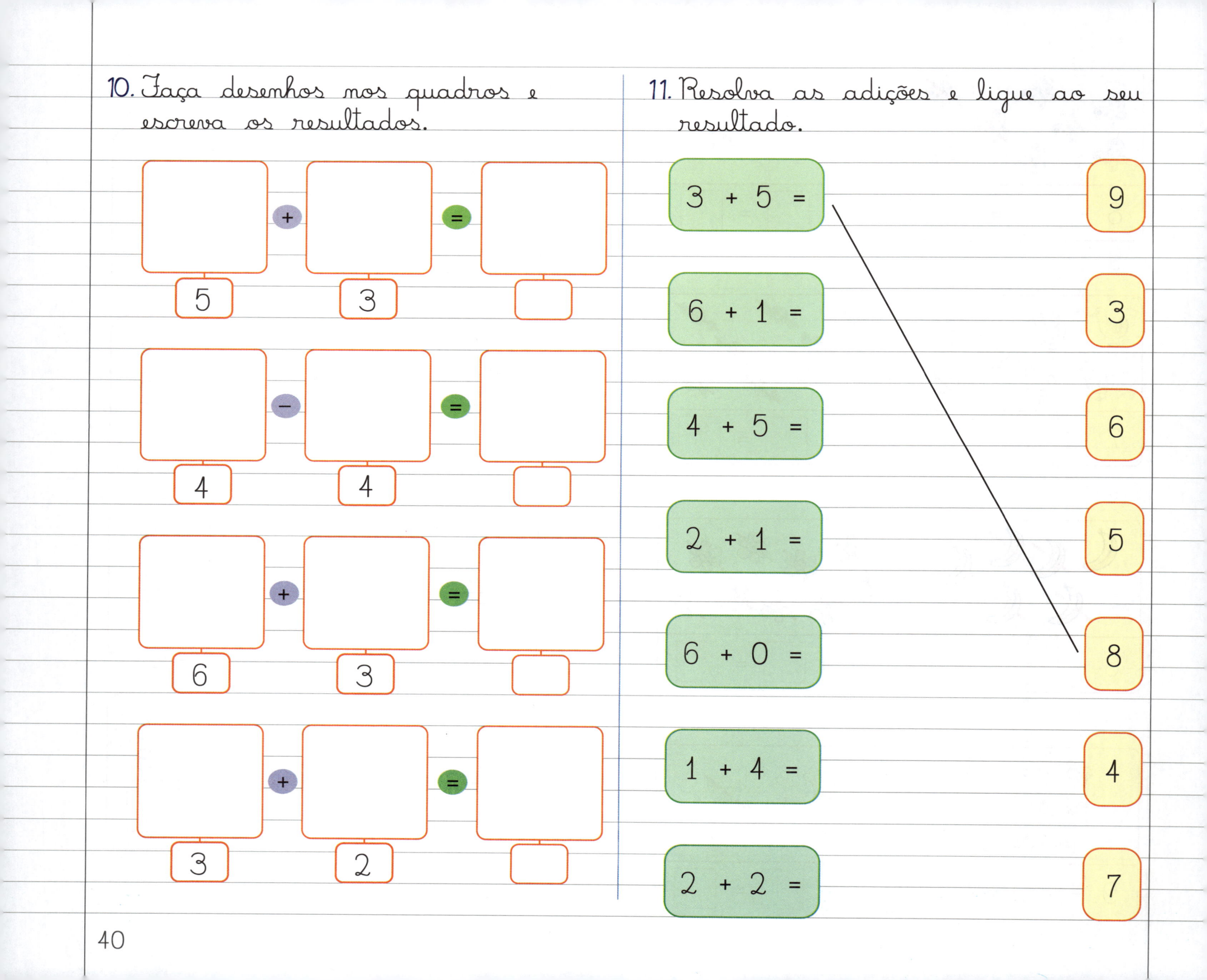

10. Faça desenhos nos quadros e escreva os resultados.

| 5 | + | 3 | = | |

| 4 | − | 4 | = | |

| 6 | + | 3 | = | |

| 3 | + | 2 | = | |

11. Resolva as adições e ligue ao seu resultado.

3 + 5 =

6 + 1 =

4 + 5 =

2 + 1 =

6 + 0 =

1 + 4 =

2 + 2 =

9
3
6
5
8
4
7

12. Circule o número que representa o resultado de cada adição.

3 ❤ + 4 ❤ → 8 7 9

4 🌙 + 2 🌙 → 3 5 6

5 ⭐ + 3 ⭐ → 7 9 8

3 🍎 + 6 🍎 → 9 4 6

13. Resolva as subtrações e ligue ao seu resultado.

9 − 1 =   6

6 − 2 =   2

4 − 3 =   8

2 − 0 =   3

9 − 3 =   4

5 − 2 =   1

8 − 1 =   7

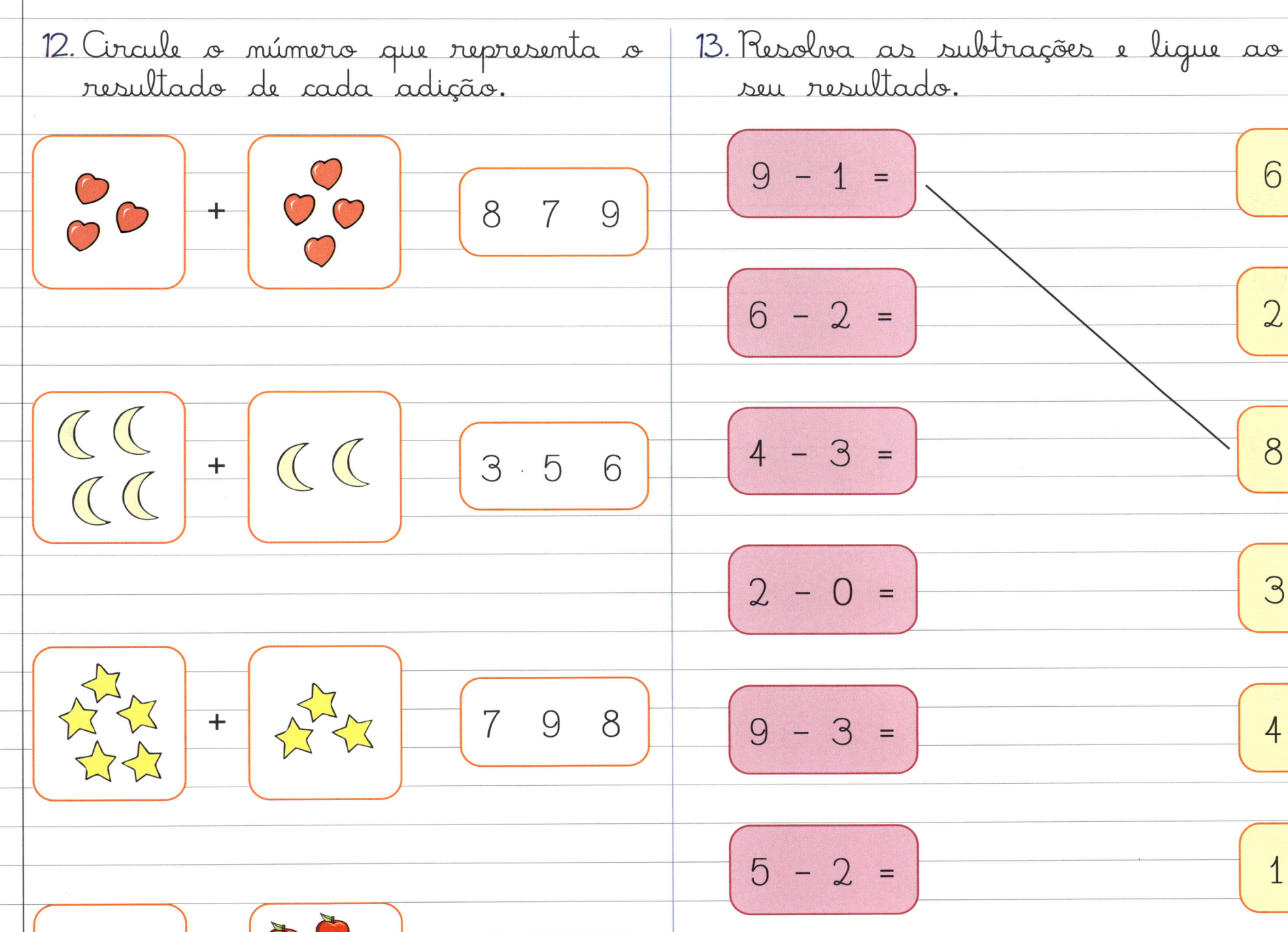

41

14. Circule o número que representa o resultado de cada subtração.

8   4   5

3   2   1

7   3   6

9   4   6

15. Observe as peças do dominó. Escreva o número das peças nos quadradinhos e resolva as operações.

3 + 2 = 5   3 - 2 = 1

☐ + ☐ = ☐   ☐ - ☐ = ☐

☐ + ☐ = ☐   ☐ - ☐ = ☐

☐ + ☐ = ☐   ☐ - ☐ = ☐

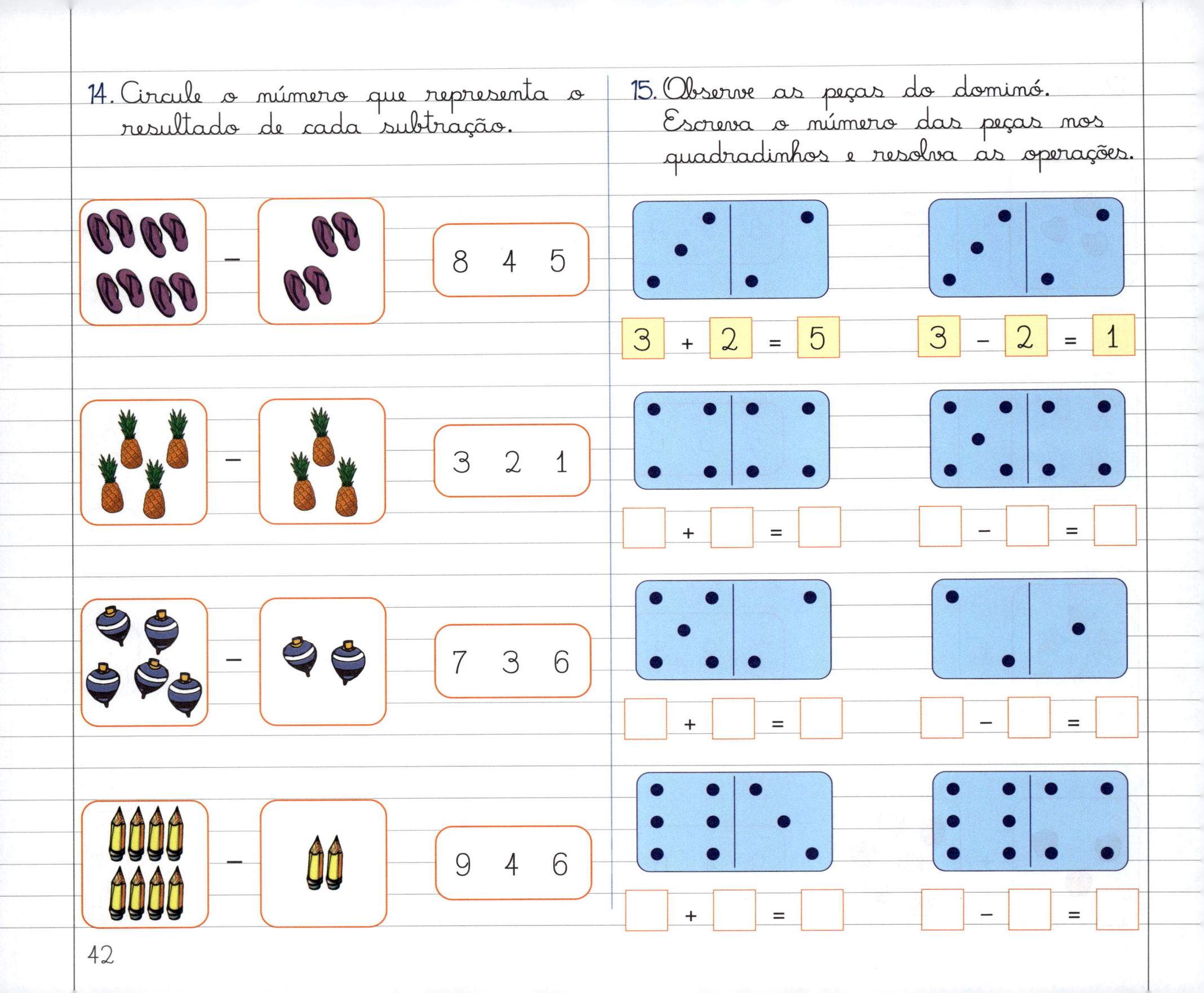

Bloco 6: Números

CONTEÚDO
- Número 10
- Dezena
- Meia dezena

Número 10

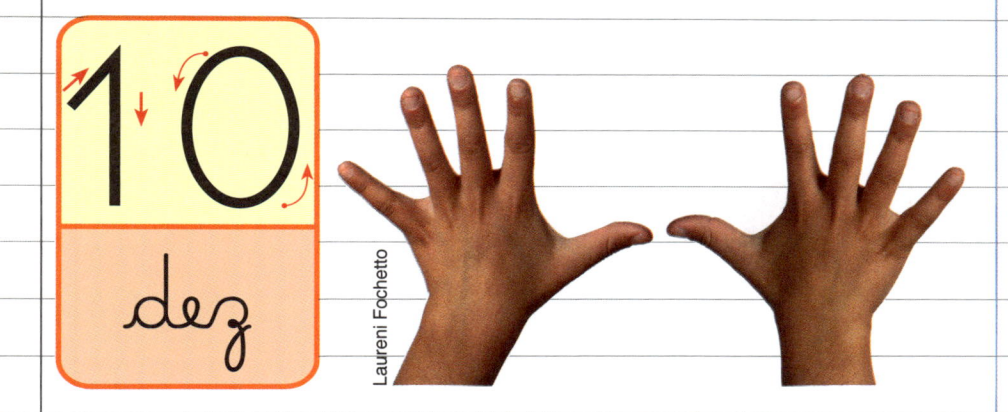

10
dez

- Escreva o número 10.

10 10
10

Dezena

Observe.

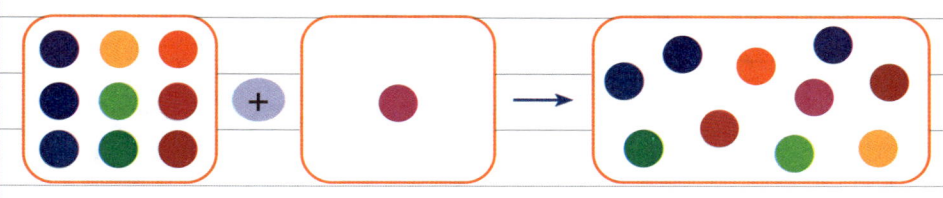

9 unidades + 1 unidade → 10 unidades

9 unidades mais 1 unidade = 10 unidades
10 unidades é igual a 1 **dezena**.

- Desenhe uma dezena de quadrados.

43

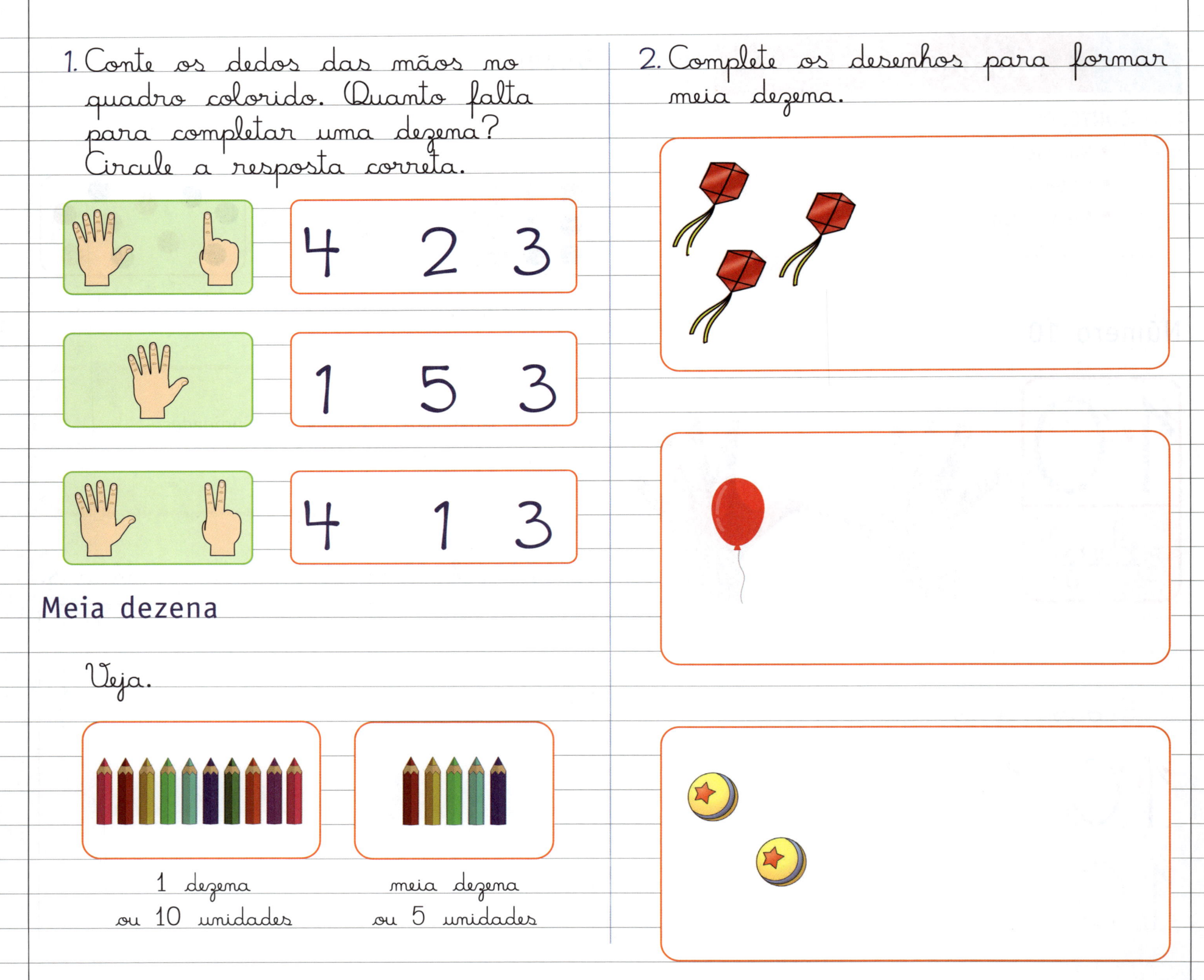

1. Conte os dedos das mãos no quadro colorido. Quanto falta para completar uma dezena? Circule a resposta correta.

4   2   3

1   5   3

4   1   3

Meia dezena

Veja.

1 dezena
ou 10 unidades

meia dezena
ou 5 unidades

2. Complete os desenhos para formar meia dezena.

3. Some 10 observando as cores das bolinhas.

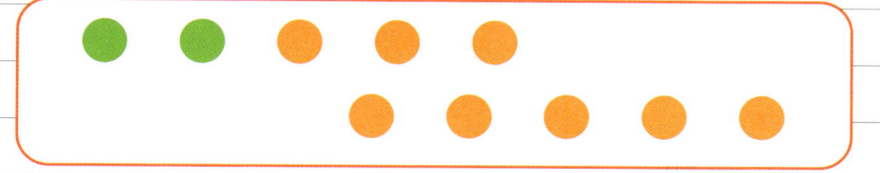

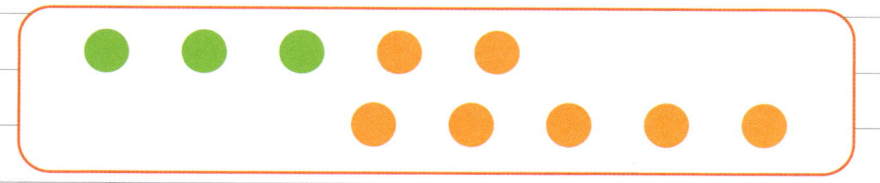

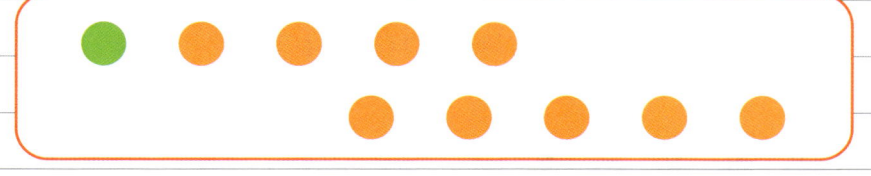

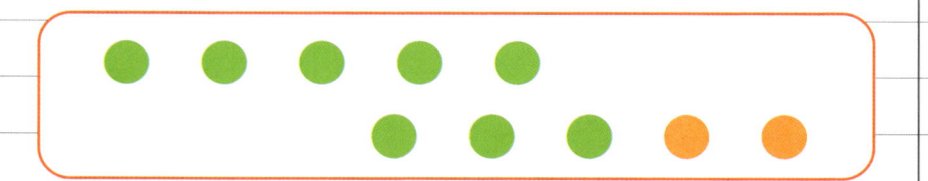

2 + ☐ = ☐

7 + ☐ = ☐

3 + ☐ = ☐

10 + ☐ = ☐

4 + ☐ = ☐

8 + ☐ = ☐

1 + ☐ = ☐

5 + ☐ = ☐

4. Conte e pinte as bolinhas, escrevendo os resultados.

5. Complete os quadros de acordo com o pedido.

Uma dezena de lápis

Meia dezena de réguas

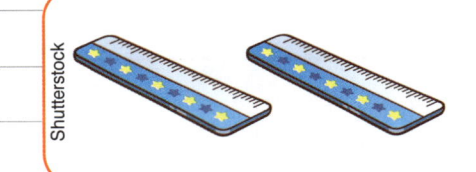

Meia dezena de bolas

Uma dezena de laranjas

Bloco 7: Geometria

CONTEÚDO

FIGURAS GEOMÉTRICAS
- Linhas retas e linhas curvas
- Linhas abertas e linhas fechadas
- Triângulo, retângulo, quadrado, círculo

FIGURAS GEOMÉTRICAS

Linhas retas e linhas curvas

1. Ligue os pontos com linhas retas, seguindo a ordem dos números. O que você descobriu?

Linhas abertas e linhas fechadas

2. Cubra estes tracejados.

Você cobriu linhas curvas abertas.

3. Agora cubra estes tracejados.

Você cobriu linhas curvas fechadas.

4. Desenhe linhas abertas.

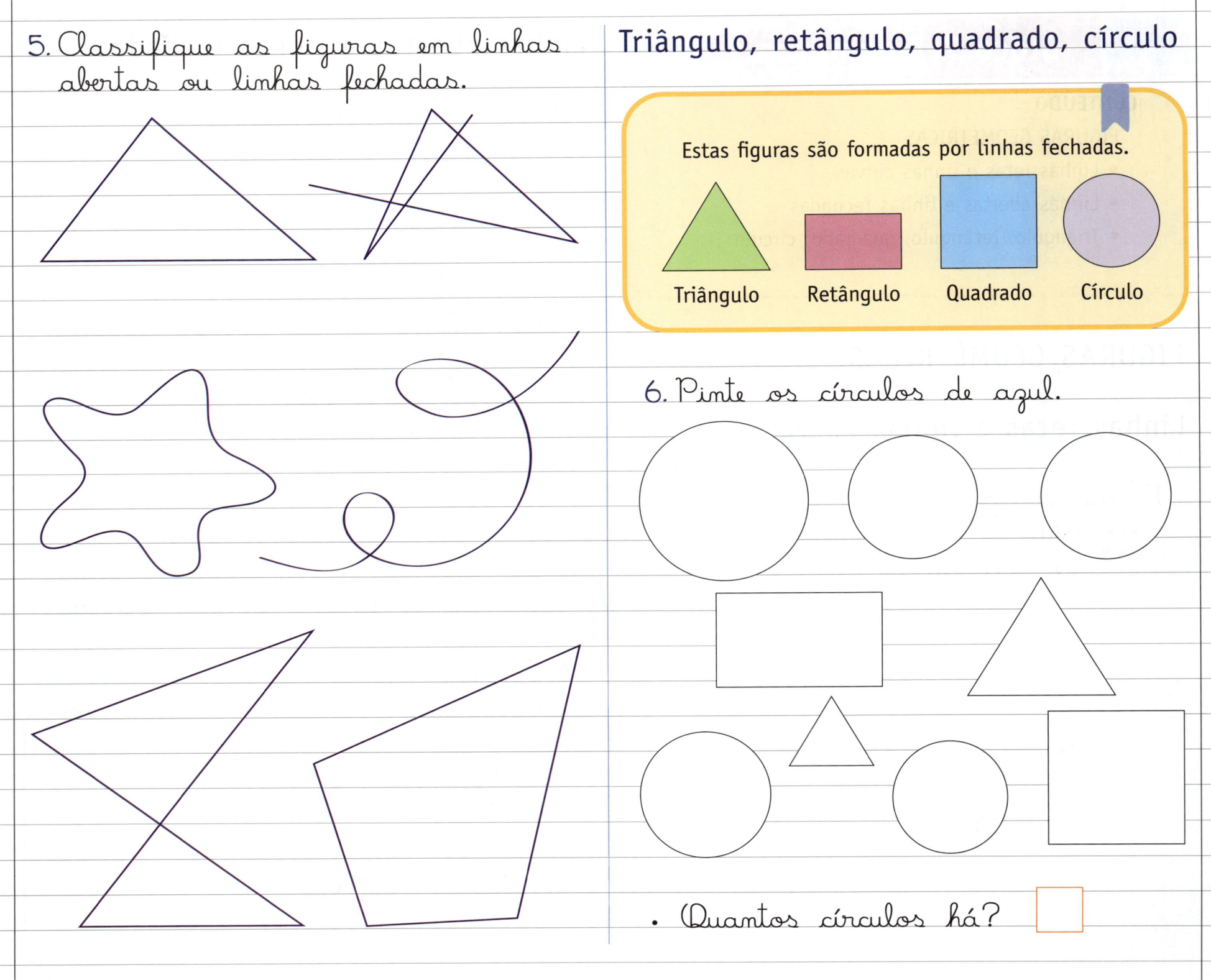

5. Classifique as figuras em linhas abertas ou linhas fechadas.

Triângulo, retângulo, quadrado, círculo

Estas figuras são formadas por linhas fechadas.

Triângulo   Retângulo   Quadrado   Círculo

6. Pinte os círculos de azul.

- Quantos círculos há?

48

7. Pinte os quadrados de verde.

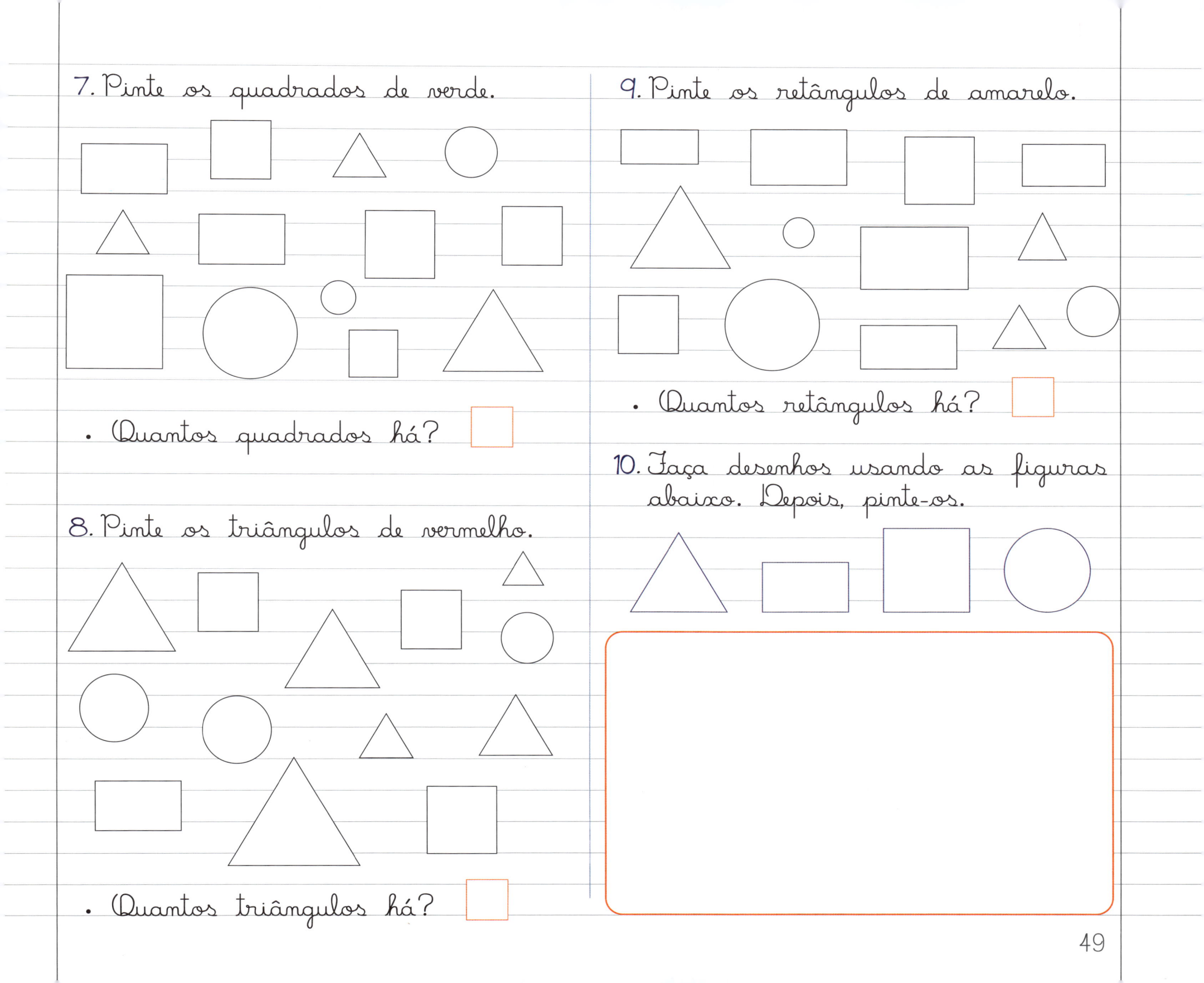

- Quantos quadrados há? ☐

8. Pinte os triângulos de vermelho.

- Quantos triângulos há? ☐

9. Pinte os retângulos de amarelo.

- Quantos retângulos há? ☐

10. Faça desenhos usando as figuras abaixo. Depois, pinte-os.

11. Pinte conforme a cor indicada na legenda.

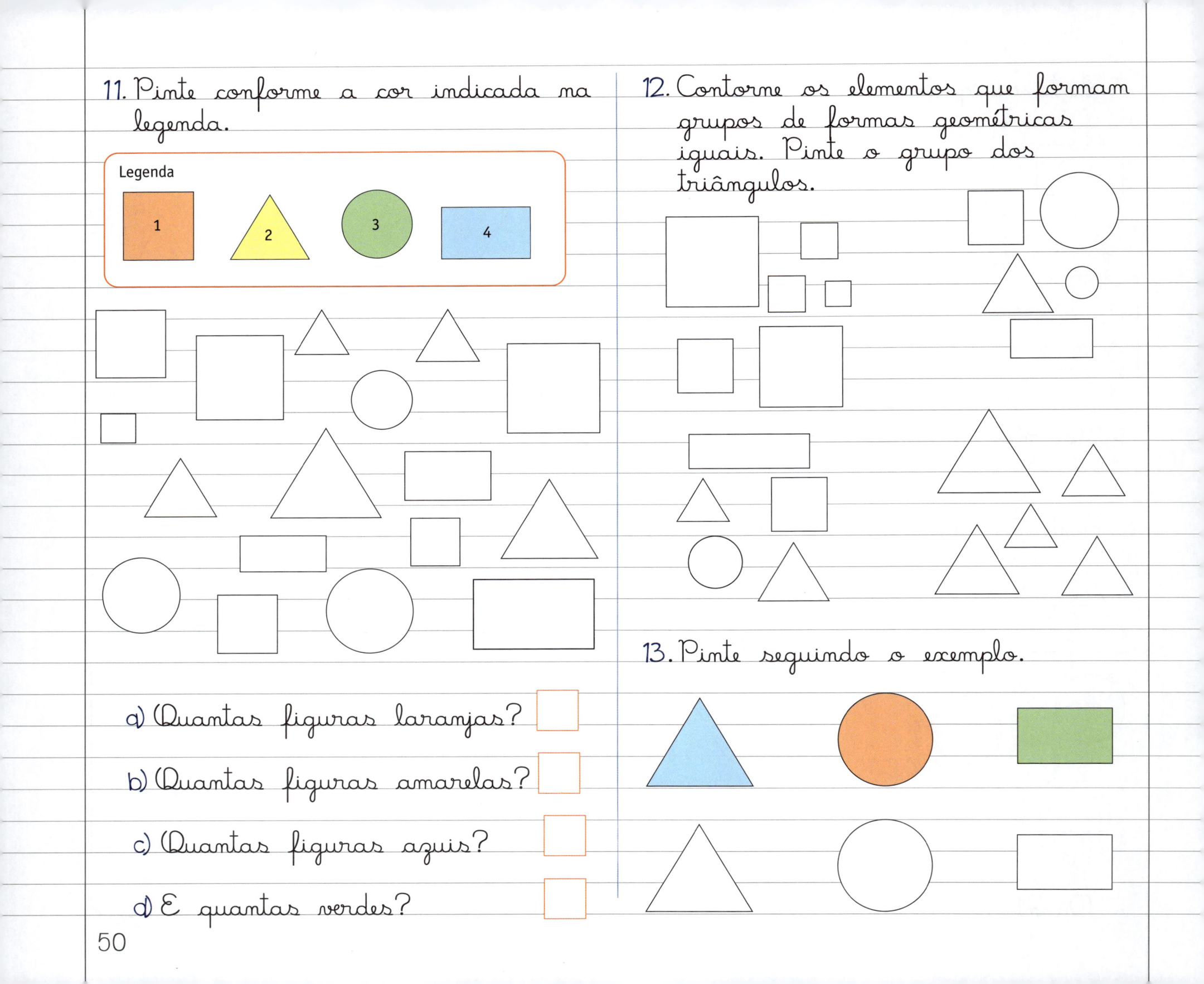

Legenda
1 — 2 — 3 — 4

a) Quantas figuras laranjas? ☐
b) Quantas figuras amarelas? ☐
c) Quantas figuras azuis? ☐
d) E quantas verdes? ☐

12. Contorne os elementos que formam grupos de formas geométricas iguais. Pinte o grupo dos triângulos.

13. Pinte seguindo o exemplo.

50

Bloco 8: Números

CONTEÚDO
- Números de 11 a 19
- Uma dúzia e meia dúzia

Números de 11 a 19

Observe e continue.

1 dezena + 1 unidade = [11] onze

1 dezena + 2 unidades = [ ] doze

1 dezena + 3 unidades = [ ] treze

1 dezena + 4 unidades = [ ] catorze

1 dezena + 5 unidades = [ ] quinze

1 dezena + 6 unidades = [ ] dezesseis

1 dezena + 7 unidades = [ ] dezessete

1 dezena + 8 unidades = [ ] dezoito

1 dezena + 9 unidades = [ ] dezenove

1. Escreva no quadro.

uma dezena e cinco unidades	☐ ☐
número que vem depois do 17	☐ ☐
uma dezena e nove unidades	☐ ☐
meia dezena	☐ ☐
uma dezena e sete unidades	☐ ☐
uma dezena e três unidades	☐ ☐

2. Circule dez elementos e complete.

15 = ☐ dezena e ☐ unidades

18 = ☐ dezena e ☐ unidades

14 = ☐ dezena e ☐ unidades

12 = ☐ dezena e ☐ unidades

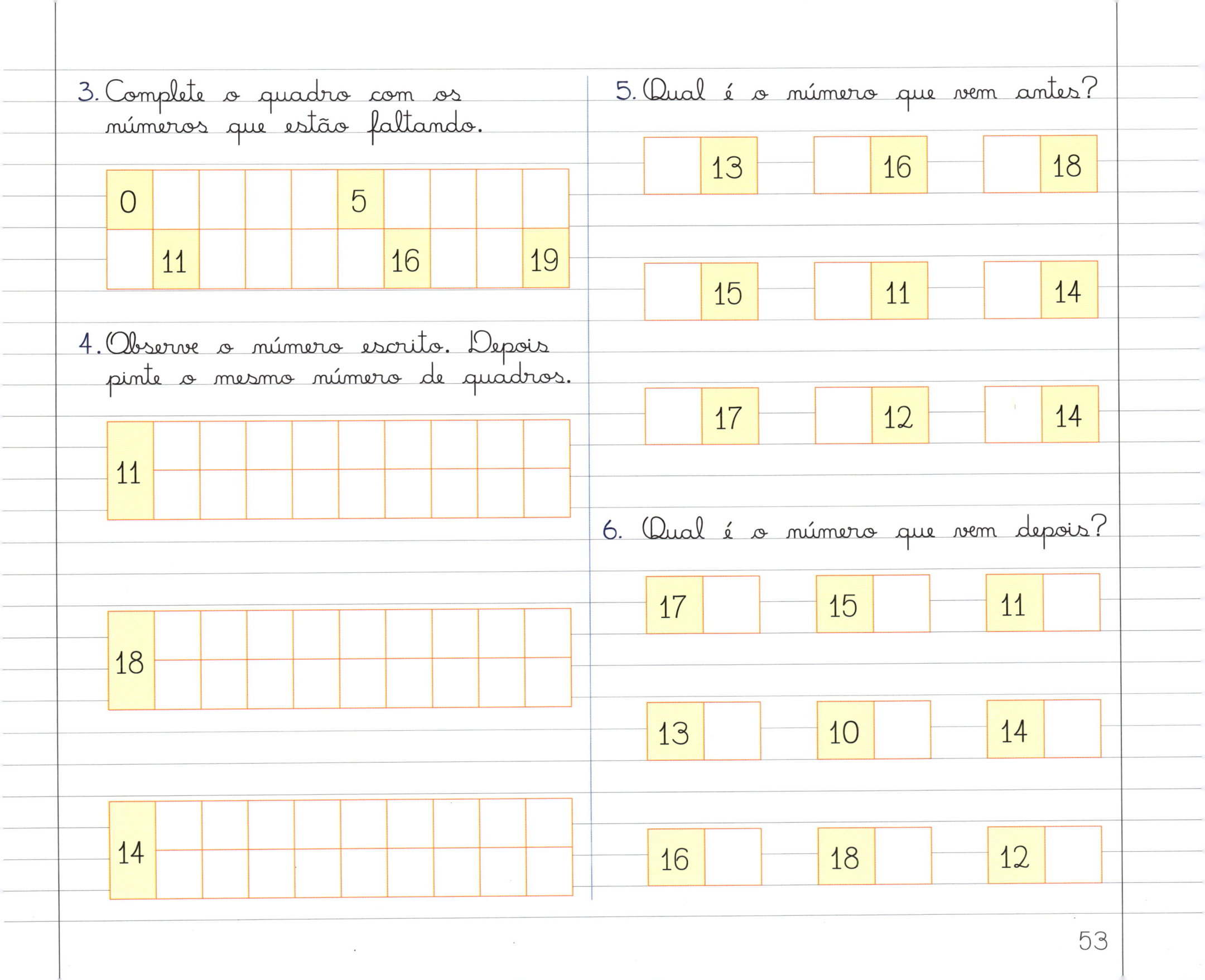

3. Complete o quadro com os números que estão faltando.

0				5					
	11				16			19	

4. Observe o número escrito. Depois pinte o mesmo número de quadros.

11

18

14

5. Qual é o número que vem antes?

	13			16			18
	15			11			14
	17			12			14

6. Qual é o número que vem depois?

17			15			11	
13			10			14	
16			18			12	

7. Coloque os números na ordem crescente.

| 12 | 16 | 15 | 18 | 10 | 17 | 19 | 13 | 11 | 14 |

| 10 | | | | | | | | | |

8. Circule o número maior em cada grupo.

| 15 13 12 | | 17 19 10 |

| 11 10 13 | | 14 16 18 |

| 14 13 12 | | 13 11 17 |

| 10 12 11 | | 14 16 15 |

9. Escreva o número que vem antes e o número que vem depois.

| __ | 14 | __ | | __ | 17 | __ |

| __ | 12 | __ | | __ | 11 | __ |

| __ | 16 | __ | | __ | 13 | __ |

| __ | 18 | __ | | __ | 15 | __ |

10. Escreva o número que fica entre:

| 12 | __ | 14 | | 11 | __ | 13 |

| 13 | __ | 15 | | 15 | __ | 17 |

| 16 | __ | 18 | | 17 | __ | 19 |

Uma dúzia e meia dúzia

Uma dúzia = 12 unidades
Meia dúzia = 6 unidades.

A caixa tem uma dúzia de ovos.

A caixa tem meia dúzia de ovos.

11. Desenhe os elementos que faltam para tornar verdadeiras as afirmações.

Ganhei meia dúzia de piões.

Comprei uma dúzia de laranjas.

Comi meia dúzia de jabuticabas.

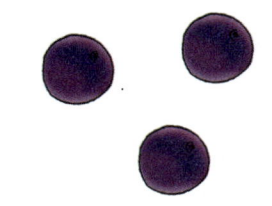

12. Complete os desenhos para que a soma seja 12.

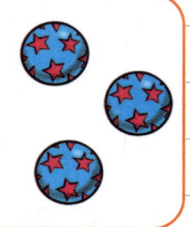

☐ + 3 = 12

10 + ☐ = 12

☐ + 4 = 12

6 + ☐ = 12

13. Maria foi à feira e comprou algumas frutas. Pinte o número de frutas que ela comprou.

Meia dúzia de maçãs ☐

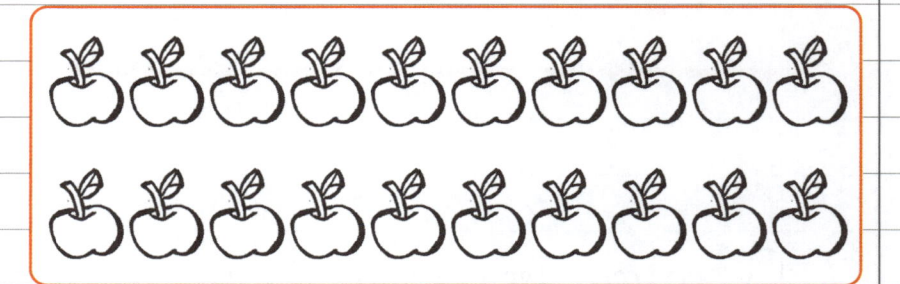

Uma dúzia de peras ☐

Uma dúzia e meia de bananas ☐

Bloco 9: Números

CONTEÚDO
- Números ordinais
- Números que não representam quantidades

Números ordinais

Os números ordinais são os números que indicam uma ordem. Podem também indicar posições numa determinada sequência.

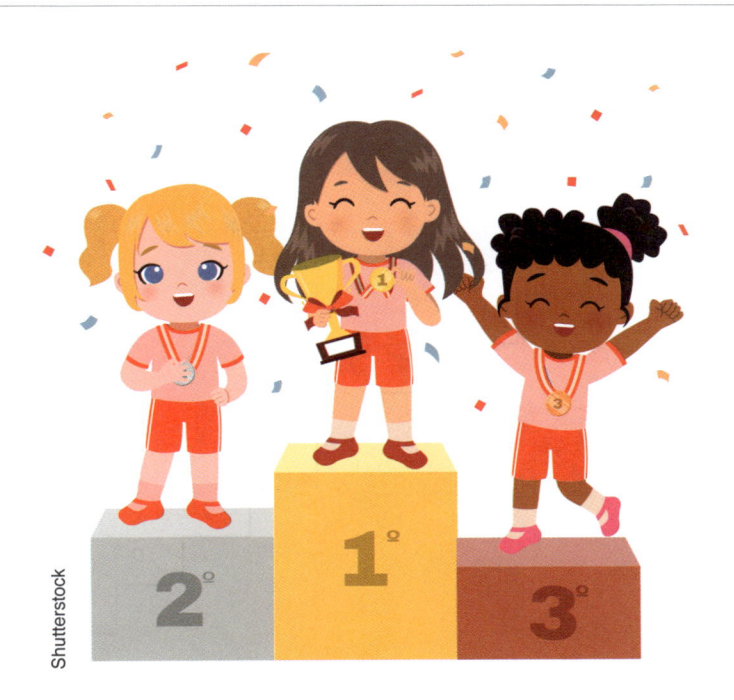

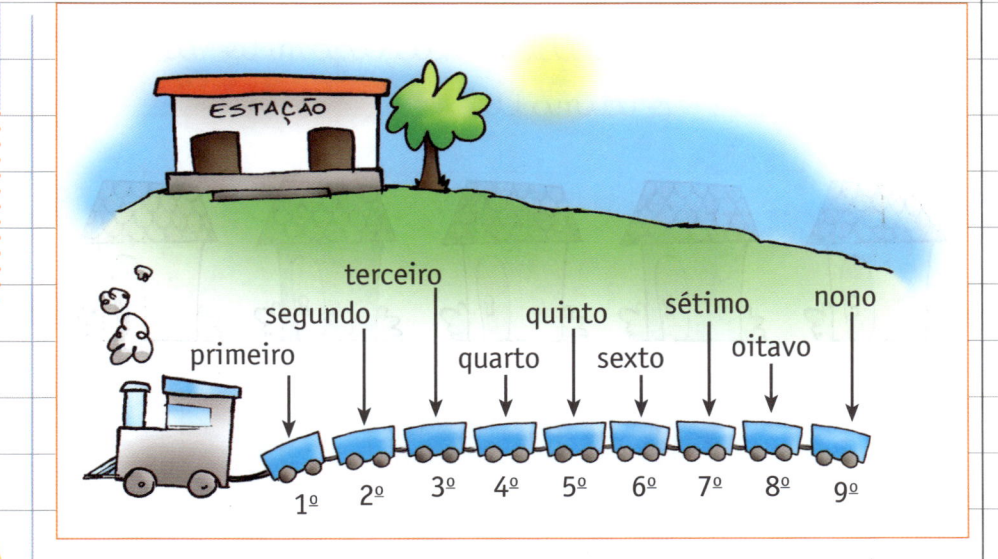

primeiro 1º, segundo 2º, terceiro 3º, quarto 4º, quinto 5º, sexto 6º, sétimo 7º, oitavo 8º, nono 9º

1. Escreva por extenso os números ordinais.

1º   6º

2º   7º

3º   8º

4º   9º

5º   10º

57

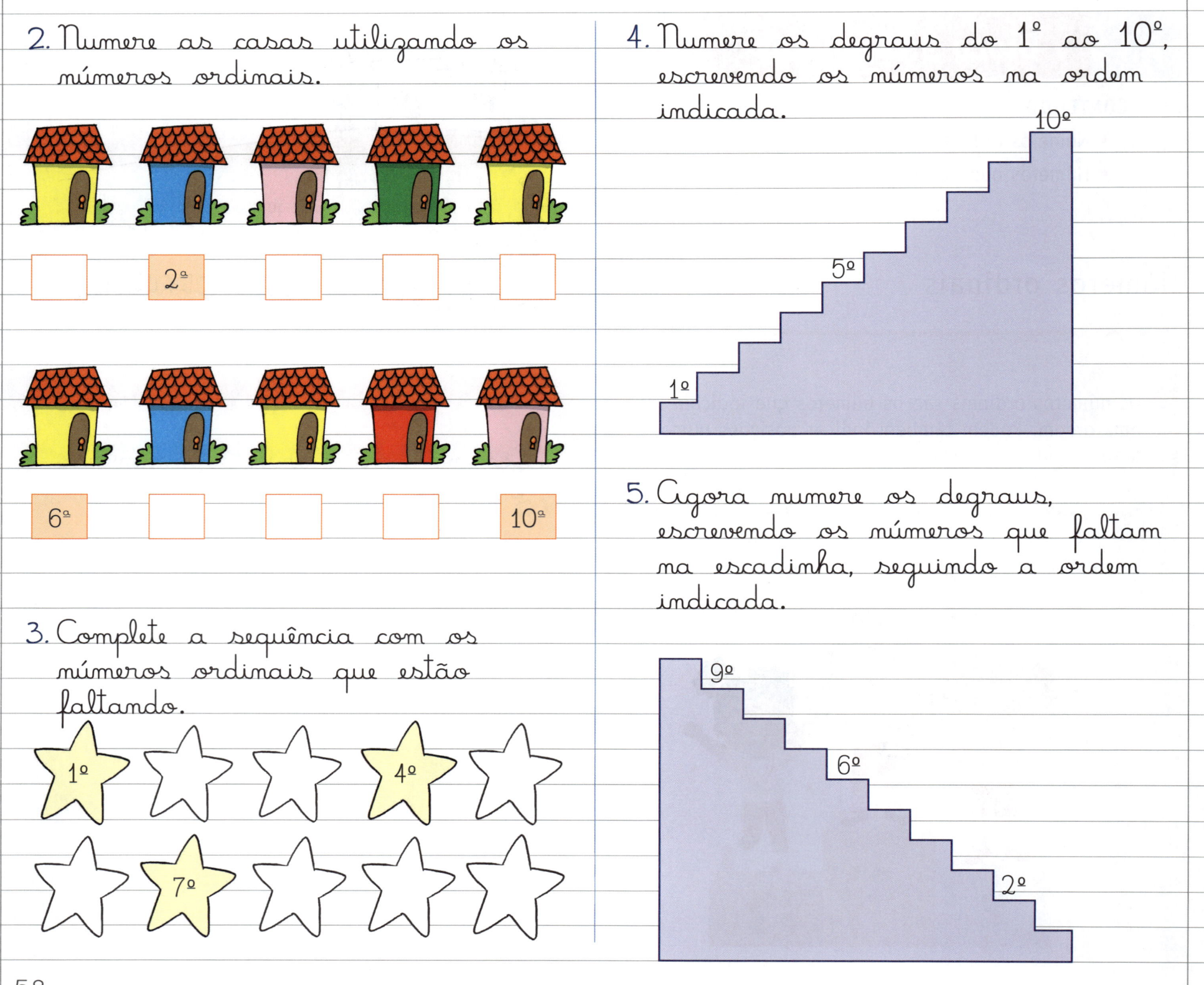

2. Numere as casas utilizando os números ordinais.

| 1º | 2º | 3º | 4º | 5º |

| 6º | 7º | 8º | 9º | 10º |

3. Complete a sequência com os números ordinais que estão faltando.

1º ☆ ☆ 4º ☆
☆ 7º ☆ ☆ ☆

4. Numere os degraus do 1º ao 10º, escrevendo os números na ordem indicada.

10º
5º
1º

5. Agora numere os degraus, escrevendo os números que faltam na escadinha, seguindo a ordem indicada.

9º
6º
2º

6. Vamos colorir os balões?

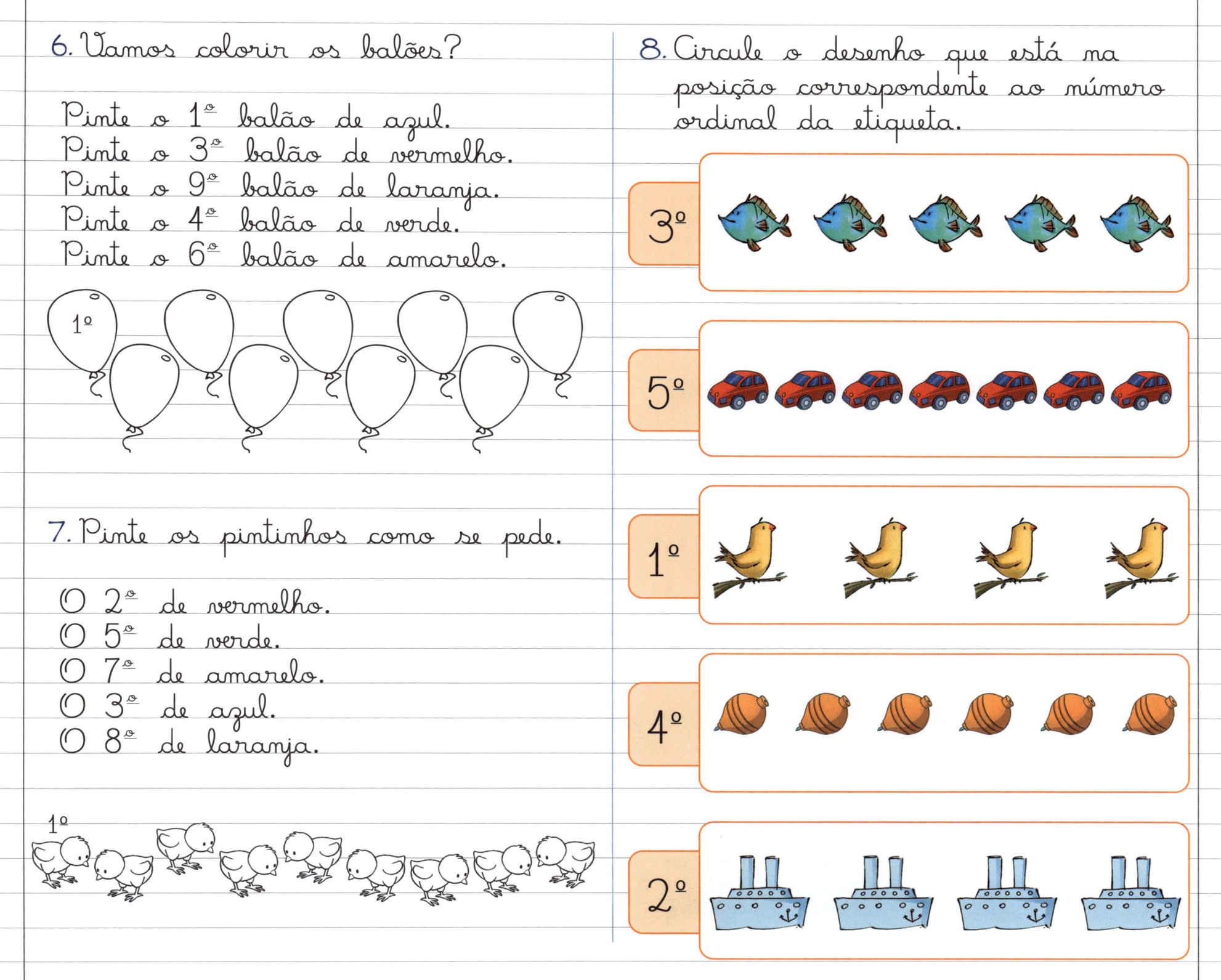

Pinte o 1º balão de azul.
Pinte o 3º balão de vermelho.
Pinte o 9º balão de laranja.
Pinte o 4º balão de verde.
Pinte o 6º balão de amarelo.

7. Pinte os pintinhos como se pede.

O 2º de vermelho.
O 5º de verde.
O 7º de amarelo.
O 3º de azul.
O 8º de laranja.

8. Circule o desenho que está na posição correspondente ao número ordinal da etiqueta.

3º

5º

1º

4º

2º

Números que não representam quantidades

Nem sempre os números representam quantidades. Em algumas situações os números podem representar códigos de identificação.

9. Identifique com X as cenas em que os números não são utilizados para contar.

10. Marque com X as cenas em que os números são utilizados para contar.

— Peguei o voo 312, assento 15B.
— Peguei o ônibus 106 e sentei no banco 12.

Havia 42 passageiros no ônibus. Lotação total!

Subiram 5 passageiros no ônibus e não desceu ninguém.

— Quero ingressos na fileira C, assentos 2 a 6.

Bloco 10: Pensamento algébrico

CONTEÚDO
- Quem é o elemento intruso?

SEQUÊNCIAS
- Sequências repetitivas
- Sequências recursivas

Quem é o elemento intruso?

1. Em cada quadro, risque o elemento intruso, aquele que não faz parte do grupo.

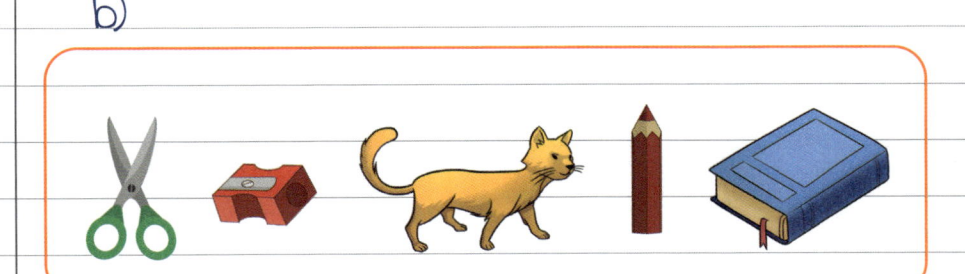

   a)

   b)

   c)

   d)

2. Em cada quadro, desenhe um elemento para fazer parte do grupo.

   a)

   b)

63

c)

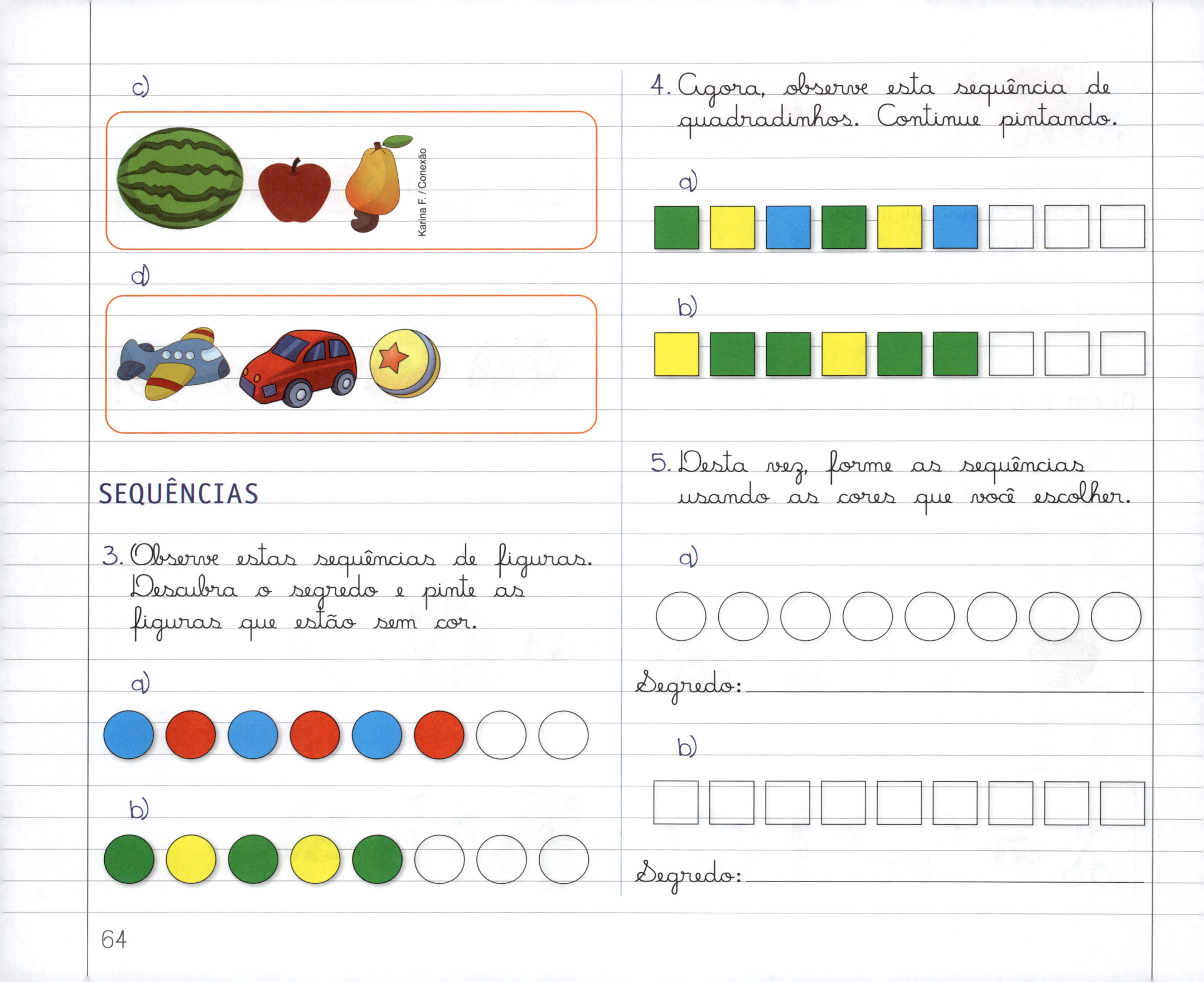

d)

SEQUÊNCIAS

3. Observe estas sequências de figuras. Descubra o segredo e pinte as figuras que estão sem cor.

a)

b)

4. Agora, observe esta sequência de quadradinhos. Continue pintando.

a)

b)

5. Desta vez, forme as sequências usando as cores que você escolher.

a)

Segredo: _____

b)

Segredo: _____

64

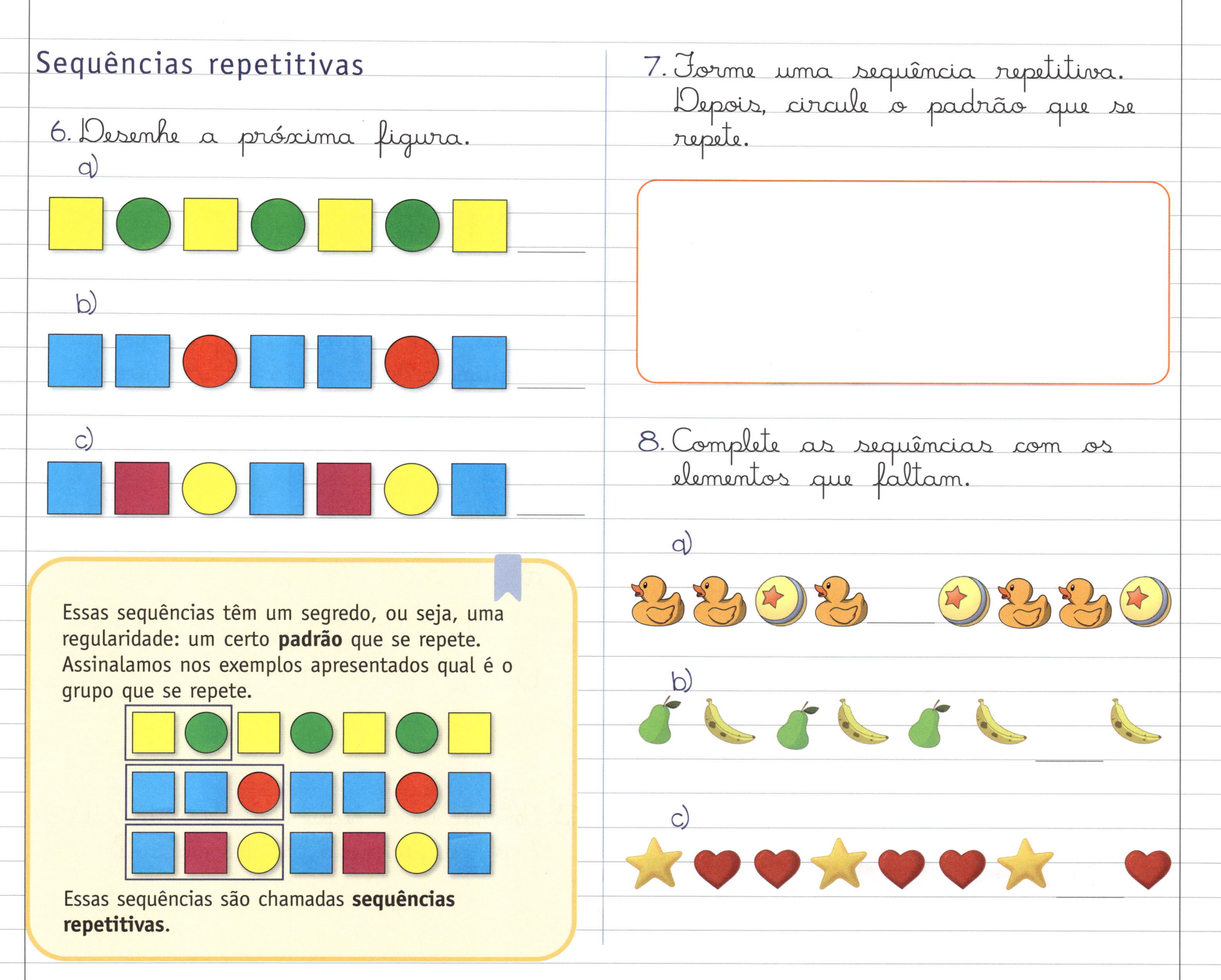

Sequências repetitivas

6. Desenhe a próxima figura.

   a)

   b)

   c)

Essas sequências têm um segredo, ou seja, uma regularidade: um certo **padrão** que se repete. Assinalamos nos exemplos apresentados qual é o grupo que se repete.

Essas sequências são chamadas **sequências repetitivas**.

---

7. Forme uma sequência repetitiva. Depois, circule o padrão que se repete.

8. Complete as sequências com os elementos que faltam.

   a)

   b)

   c)

65

Sequências recursivas

9. Observe agora esta sequência, e desenhe o 6º termo.

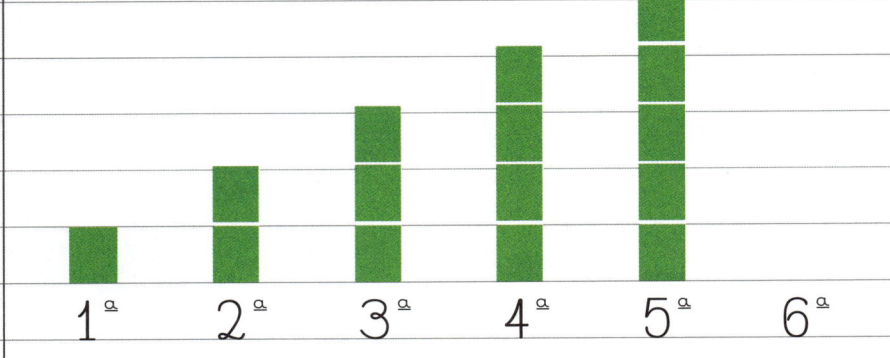

1ª 2ª 3ª 4ª 5ª 6ª

a) Nessa sequência, tem algum padrão ou grupo que se repete?

b) Qual é o segredo dessa sequência?

10. Complete esta sequência, desenhando o 5º termo.

1ª 2ª 3ª 4ª 5ª

> Esse tipo de sequência em que um determinado termo depende do termo anterior é chamado de sequência recursiva.
>
> A sequência de números naturais é uma sequência recursiva.
>
> 1, 2, 3, 4, 5, 6, 7, 8, ...

11. Qual é o segredo do padrão desta sequência que vocês já conhecem?
1, 2, 3, 4, 5, 6, 7, 8, ...

12. Qual é o segredo destas sequências numéricas?
a) 1, 3, 5, 7, 9, 11, 13 ...

b) 2, 4, 6, 8, 10, 12 ...

13. Invente uma sequência numérica. Qual é o seu segredo de formação?

Bloco 11: Geometria

CONTEÚDO

FIGURAS GEOMÉTRICAS ESPACIAIS
- Sólidos geométricos: cone, cilindro, esfera, bloco

FIGURAS GEOMÉTRICAS ESPACIAIS

Sólidos geométricos: cone, cilindro, esfera, bloco

As formas geométricas espaciais são conhecidas como **sólidos geométricos**.

Cilindro   Cone   Esfera

Pirâmide   Cubo   Bloco

1. Faça um X nos objetos que têm a forma de uma esfera.

2. Circule os objetos que têm a forma de um bloco.

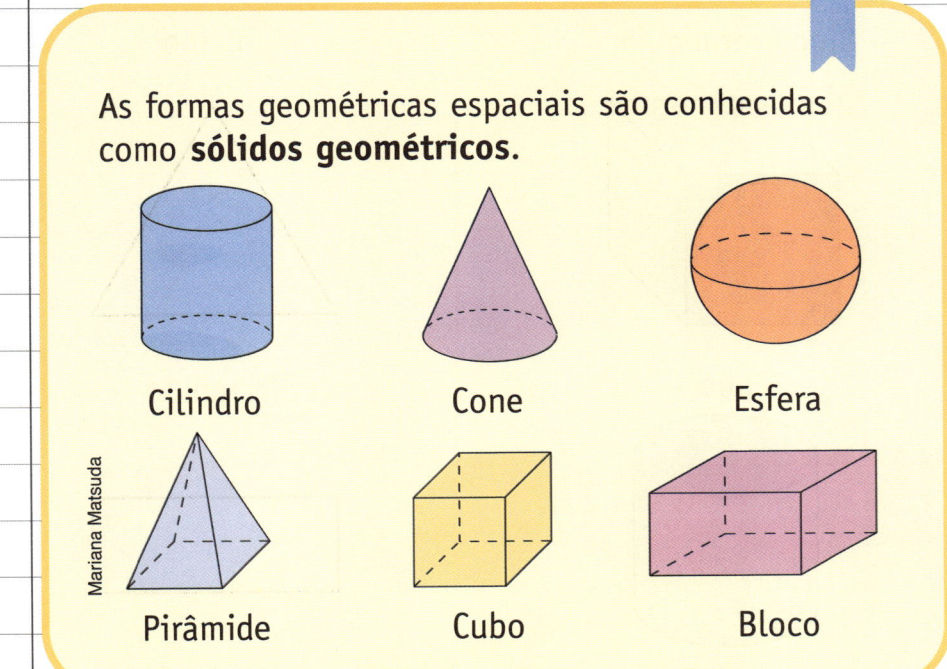

3. Faça um X nos objetos que têm a forma de um cilindro.

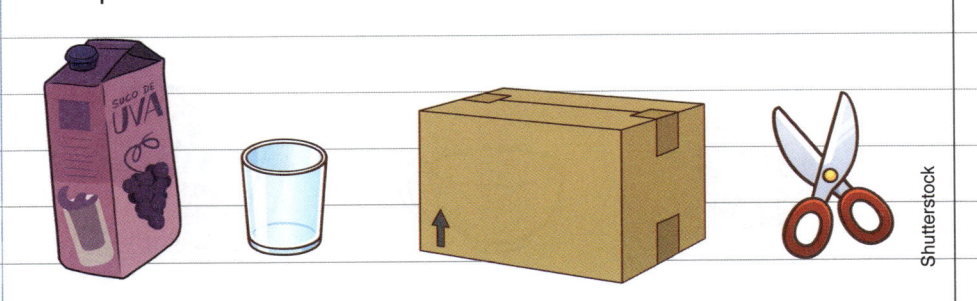

4. Circule os objetos que têm a forma de um cone.

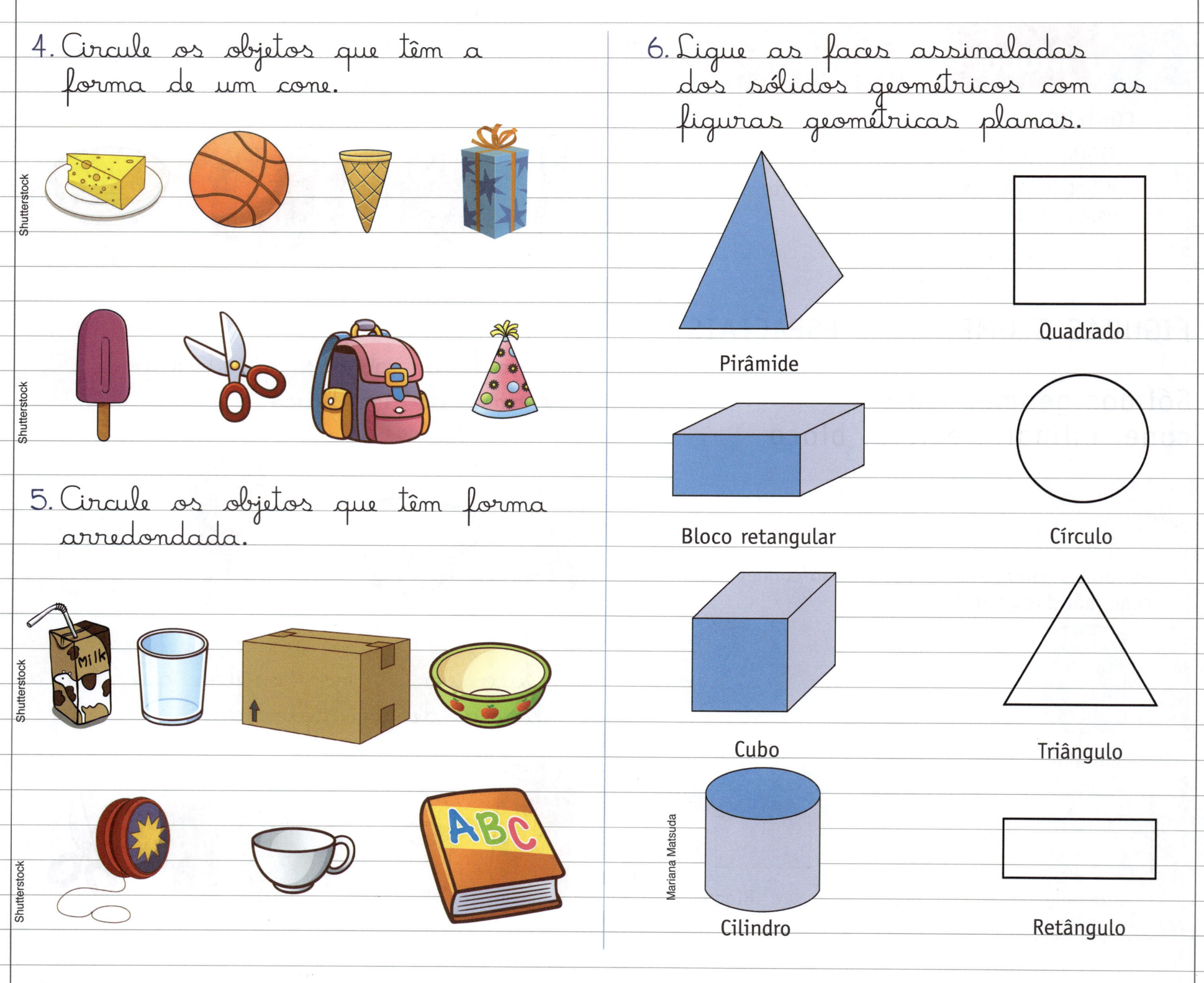

5. Circule os objetos que têm forma arredondada.

6. Ligue as faces assinaladas dos sólidos geométricos com as figuras geométricas planas.

Pirâmide — Quadrado

Bloco retangular — Círculo

Cubo — Triângulo

Cilindro — Retângulo

68

7. Faça um X no objeto que lembra a figura geométrica em destaque.

a)

b)

c)

d)

8. Que figura geométrica espacial lembram estes objetos? Faça um desenho.

_____

9. Que figura geométrica espacial lembram estes objetos? Faça um desenho.

_____

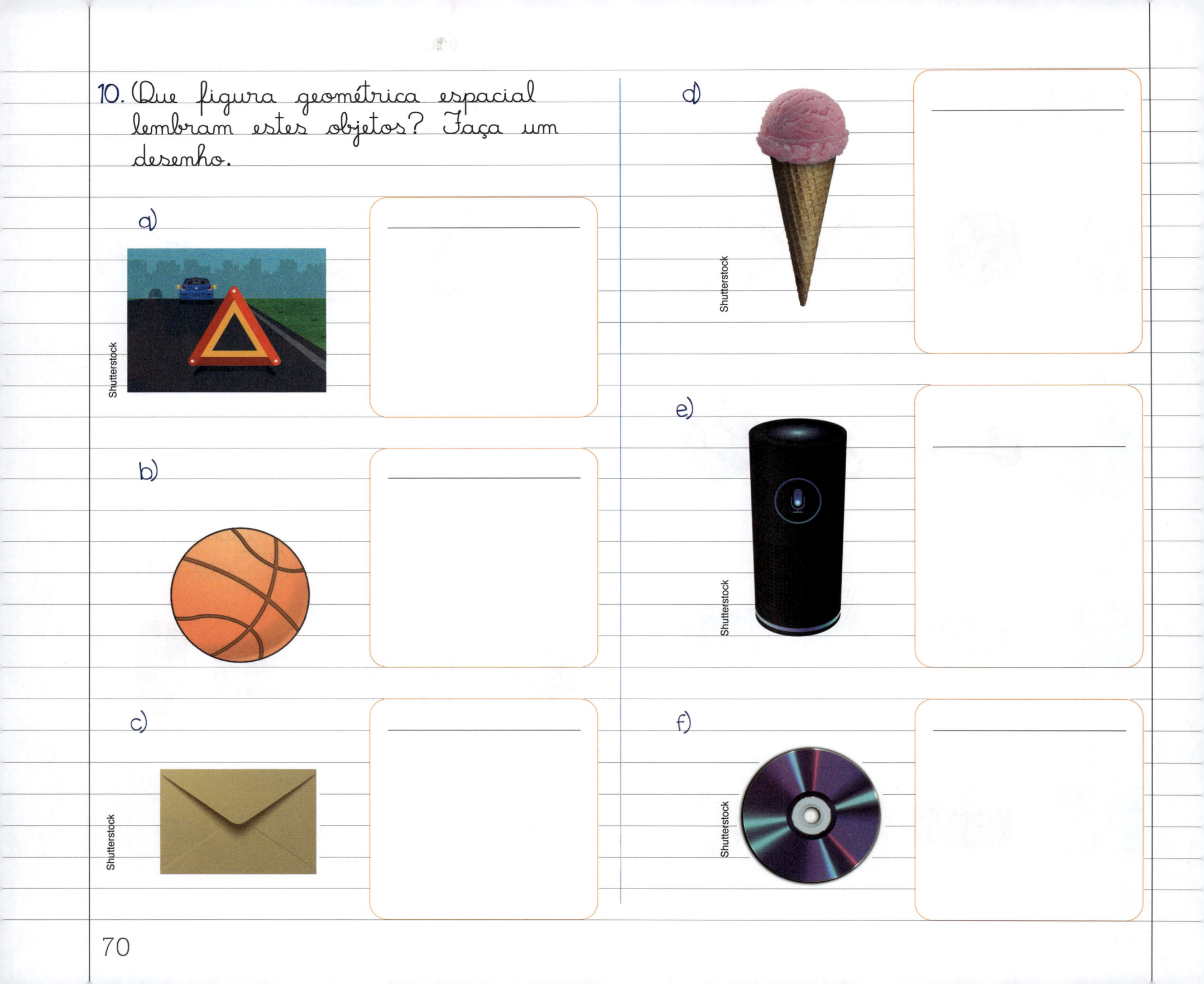

10. Que figura geométrica espacial lembram estes objetos? Faça um desenho.

a)

b)

c)

d)

e)

f)

70

Bloco 12: Números

CONTEÚDO
- Dezenas exatas até 90

Dezenas exatas até 90

A ideia de número natural está associada à ideia de quantidade.

☐ 1 unidade

9 unidades + 1 unidade = 10 unidades ou 1 dezena

1. Em cada barra há uma dezena de quadradinhos. Observe o exemplo e complete.

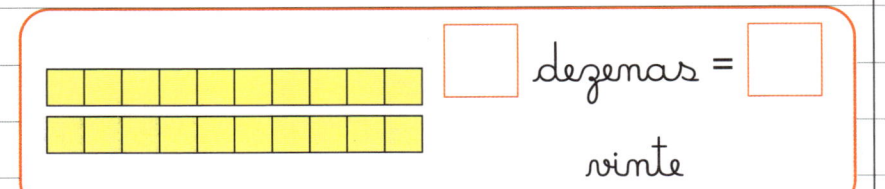

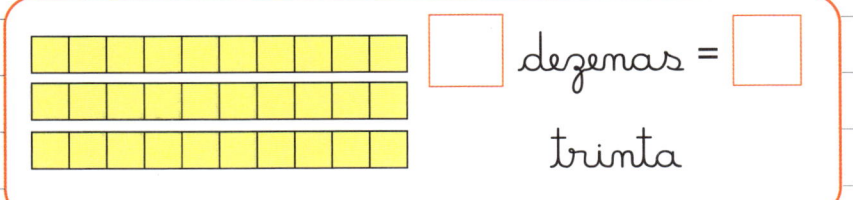

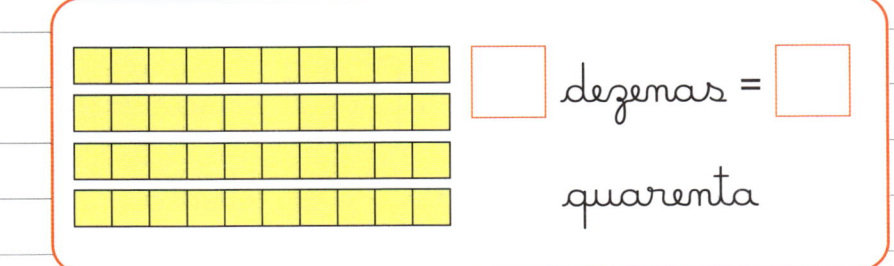

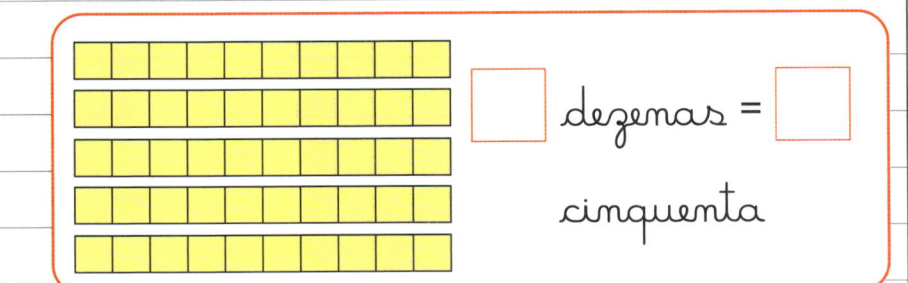

1 dezena = 10
dez

☐ dezenas = ☐
vinte

☐ dezenas = ☐
trinta

☐ dezenas = ☐
quarenta

☐ dezenas = ☐
cinquenta

☐ dezenas = ☐
sessenta

☐ dezenas = ☐
setenta

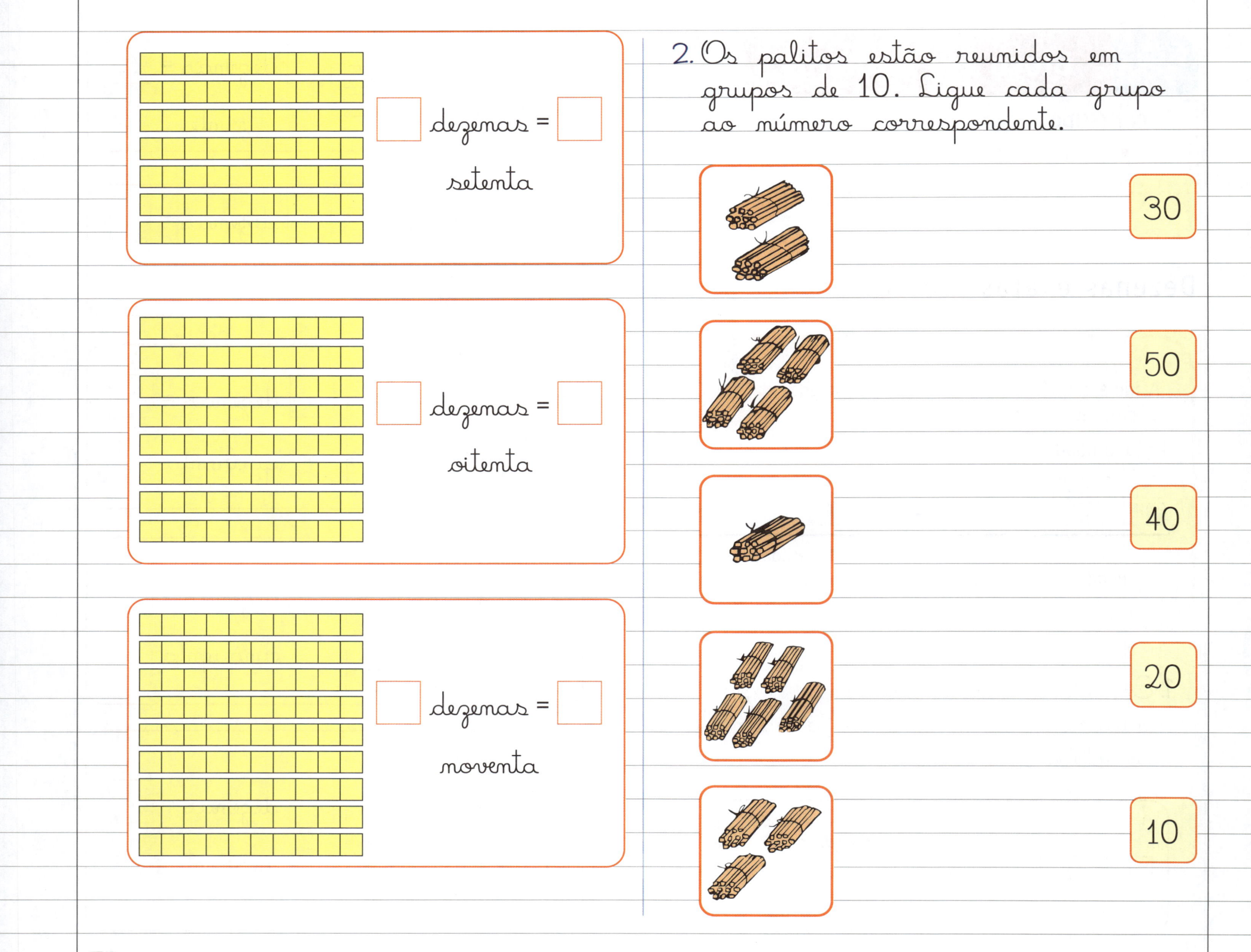

☐ dezenas = ☐
oitenta

☐ dezenas = ☐
noventa

2. Os palitos estão reunidos em grupos de 10. Ligue cada grupo ao número correspondente.

30

50

40

20

10

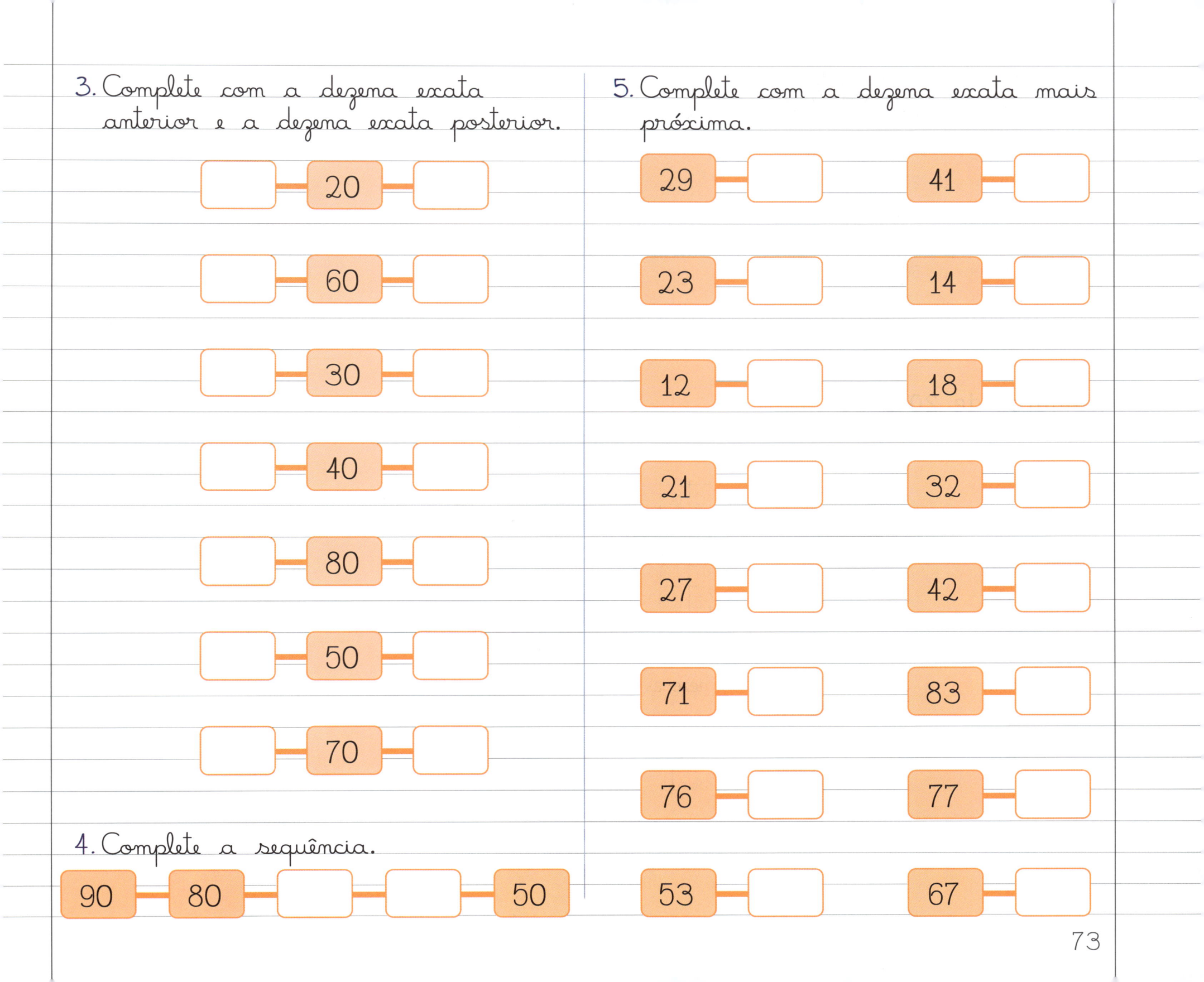

3. Complete com a dezena exata anterior e a dezena exata posterior.

☐ — 20 — ☐

☐ — 60 — ☐

☐ — 30 — ☐

☐ — 40 — ☐

☐ — 80 — ☐

☐ — 50 — ☐

☐ — 70 — ☐

4. Complete a sequência.

90 — 80 — ☐ — ☐ — 50

5. Complete com a dezena exata mais próxima.

29 — ☐   41 — ☐

23 — ☐   14 — ☐

12 — ☐   18 — ☐

21 — ☐   32 — ☐

27 — ☐   42 — ☐

71 — ☐   83 — ☐

76 — ☐   77 — ☐

53 — ☐   67 — ☐

Bloco 13: Números

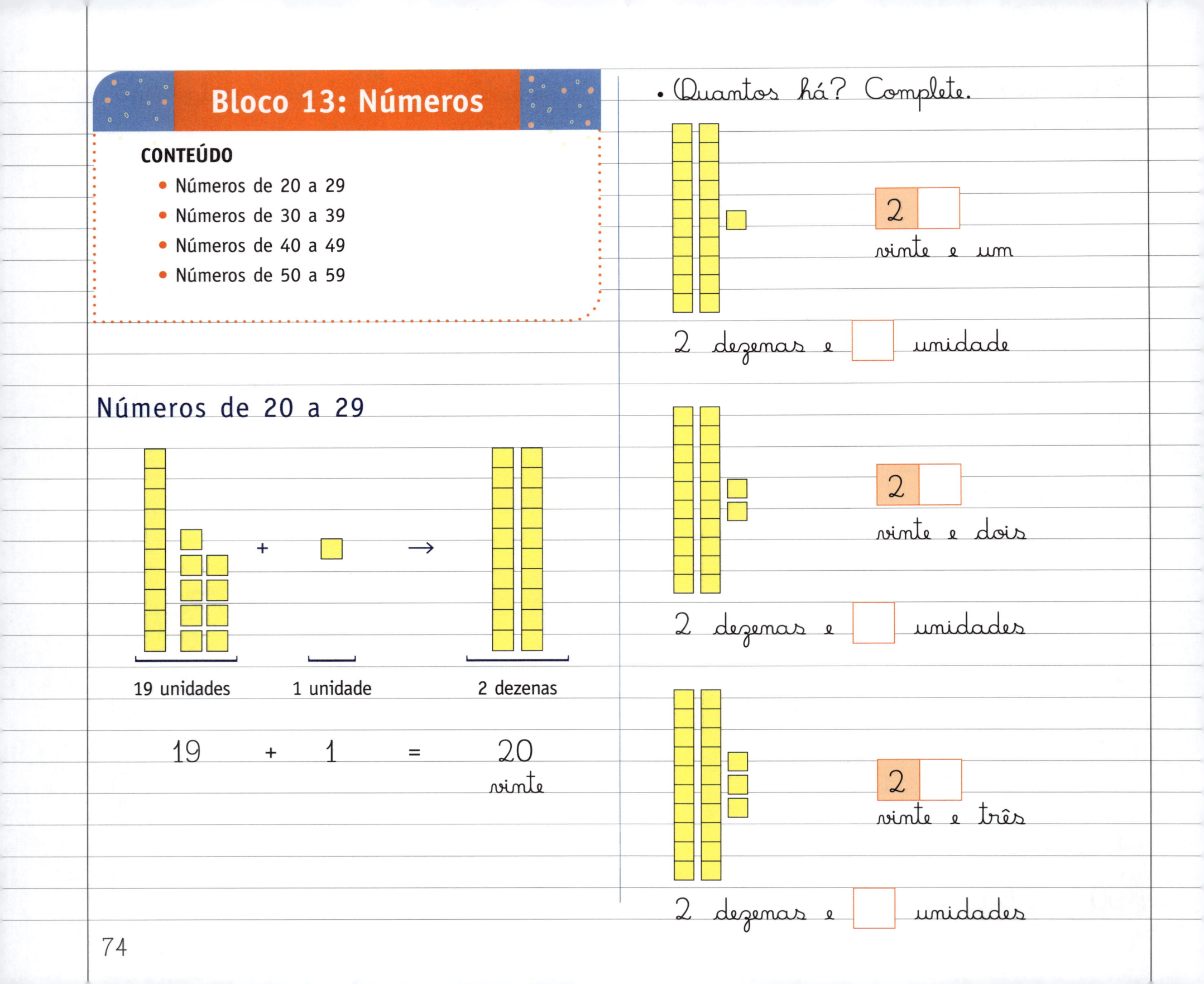

CONTEÚDO
- Números de 20 a 29
- Números de 30 a 39
- Números de 40 a 49
- Números de 50 a 59

Números de 20 a 29

19 unidades + 1 unidade → 2 dezenas

19 + 1 = 20
vinte

- Quantos há? Complete.

2 ☐
vinte e um

2 dezenas e ☐ unidade

2 ☐
vinte e dois

2 dezenas e ☐ unidades

2 ☐
vinte e três

2 dezenas e ☐ unidades

2 vinte e quatro

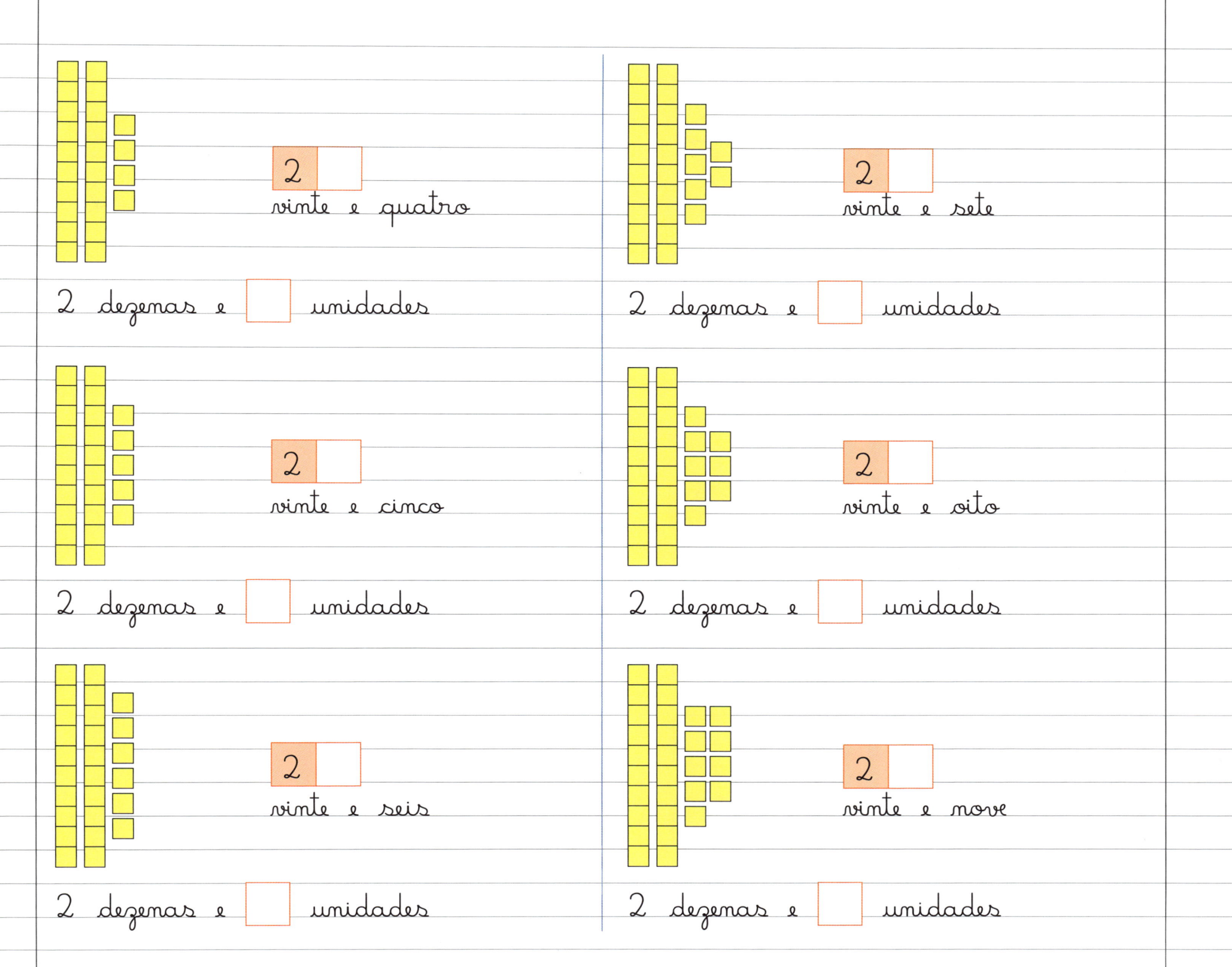

2 dezenas e ☐ unidades

2 vinte e sete

2 dezenas e ☐ unidades

2 vinte e cinco

2 dezenas e ☐ unidades

2 vinte e oito

2 dezenas e ☐ unidades

2 vinte e seis

2 dezenas e ☐ unidades

2 vinte e nove

2 dezenas e ☐ unidades

1. Observe o exemplo e complete.

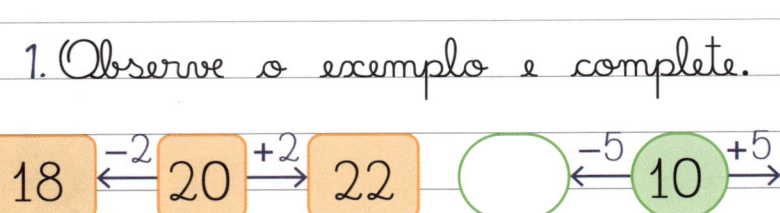

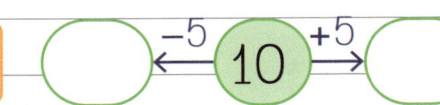

18 ←−2— 20 —+2→ 22   ☐ ←−5— 10 —+5→ ☐

☐ ←−3— 25 —+3→ ☐   ☐ ←−1— 23 —+1→ ☐

☐ ←−3— 17 —+3→ ☐   ☐ ←−2— 19 —+2→ ☐

2. Complete.

Antecessor		Sucessor	
☐ ←	20	11 →	☐
☐ ←	11	19 →	☐
☐ ←	27	10 →	☐
☐ ←	14	28 →	☐

3. Complete a sequência.

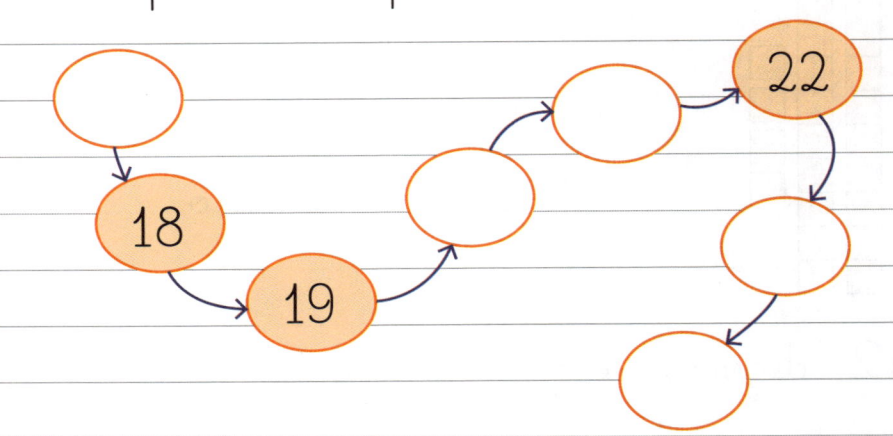

☐ → 18 → 19 → ☐ → ☐ → 22 → ☐ → ☐

4. Complete as retas numéricas.

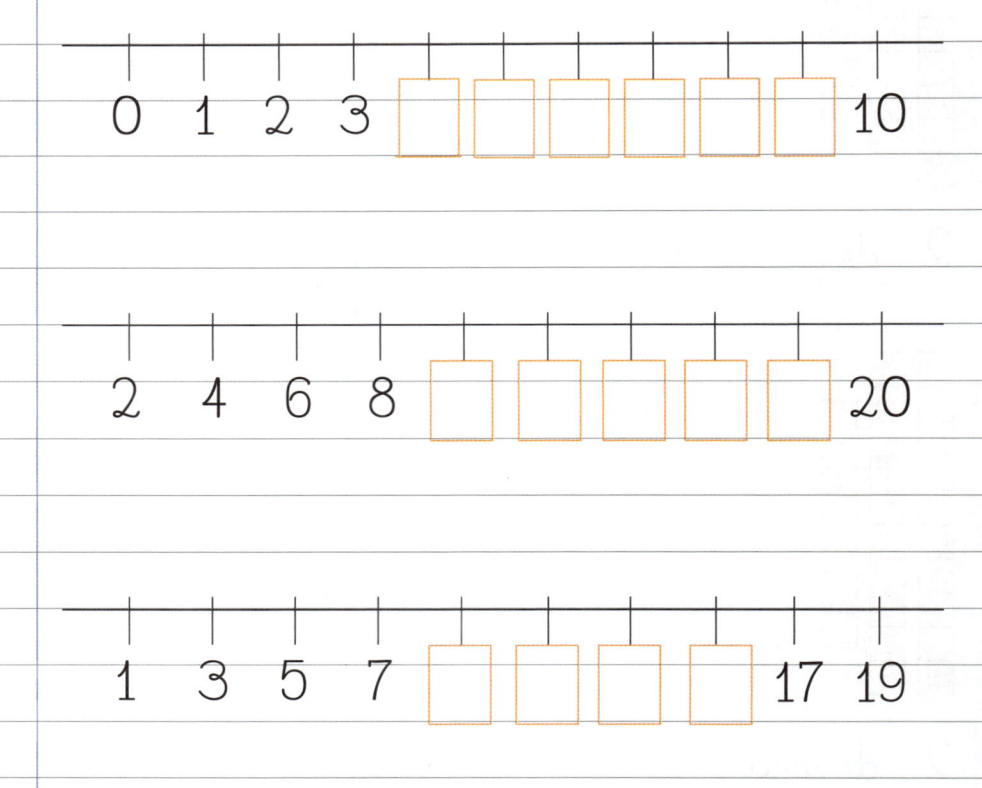

0 1 2 3 ☐ ☐ ☐ ☐ ☐ ☐ 10

2 4 6 8 ☐ ☐ ☐ ☐ ☐ 20

1 3 5 7 ☐ ☐ ☐ 17 19

76

Números de 30 a 39

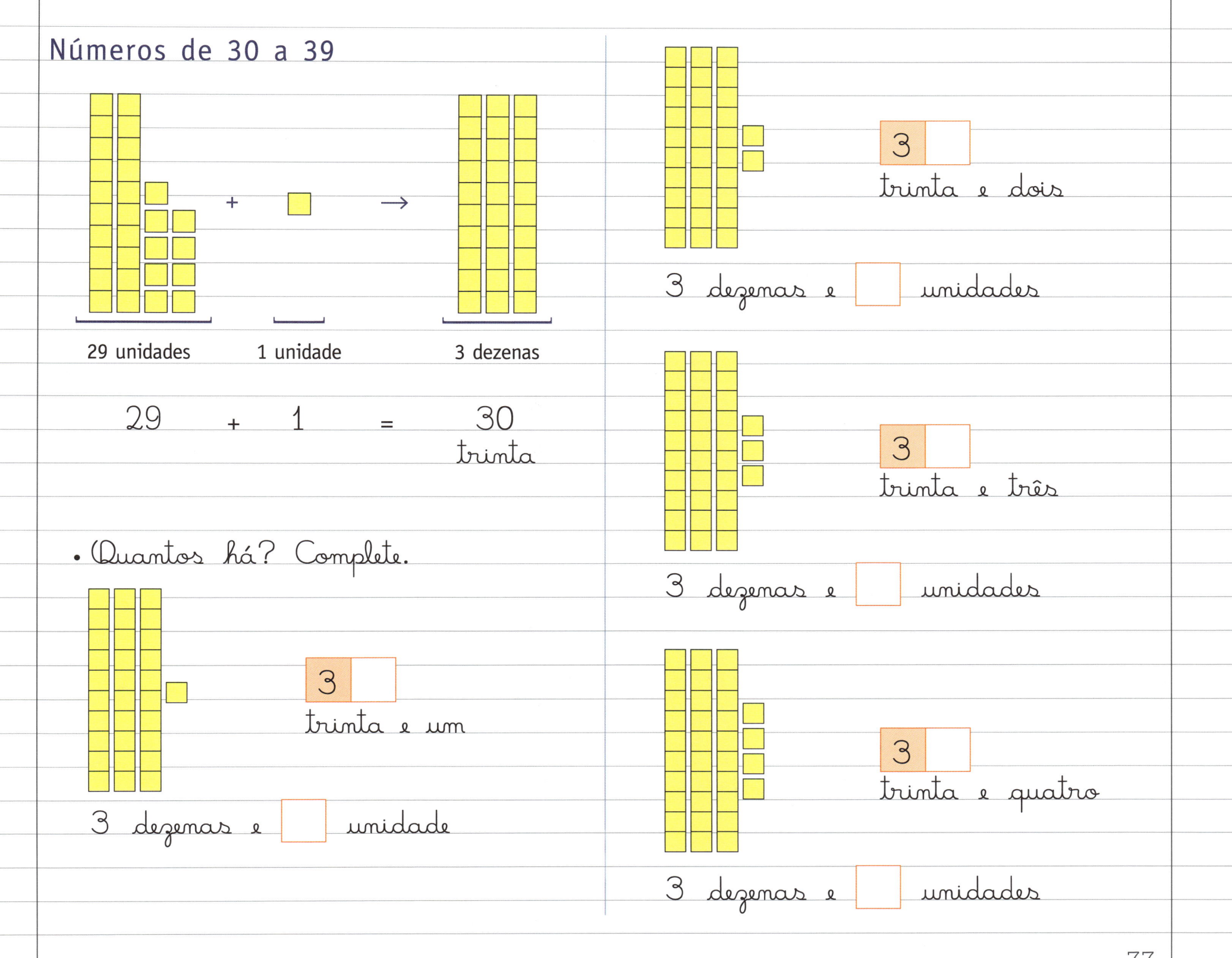

29 unidades + 1 unidade → 3 dezenas

29 + 1 = 30
trinta

- Quantos há? Complete.

3 dezenas e ☐ unidade
3 | trinta e um

3 dezenas e ☐ unidades
3 | trinta e dois

3 dezenas e ☐ unidades
3 | trinta e três

3 dezenas e ☐ unidades
3 | trinta e quatro

| 3 | trinta e cinco | | 3 | trinta e oito |

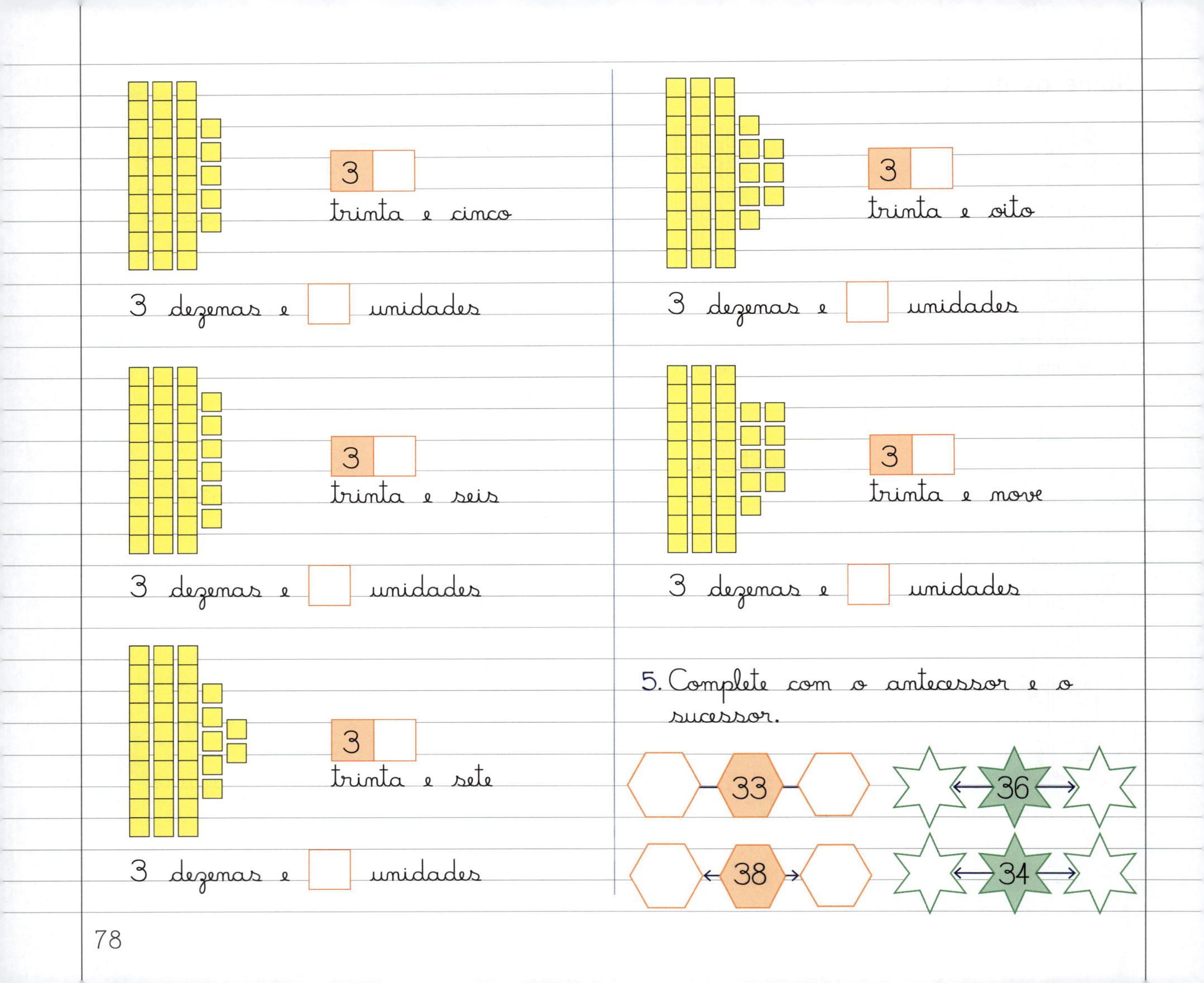

3 dezenas e ☐ unidades   3 dezenas e ☐ unidades

| 3 | trinta e seis | | 3 | trinta e nove |

3 dezenas e ☐ unidades   3 dezenas e ☐ unidades

| 3 | trinta e sete |

3 dezenas e ☐ unidades

5. Complete com o antecessor e o sucessor.

⬡ 33 ⬡   ☆ 36 ☆

⬡ 38 ⬡   ☆ 34 ☆

6. Dos números abaixo:

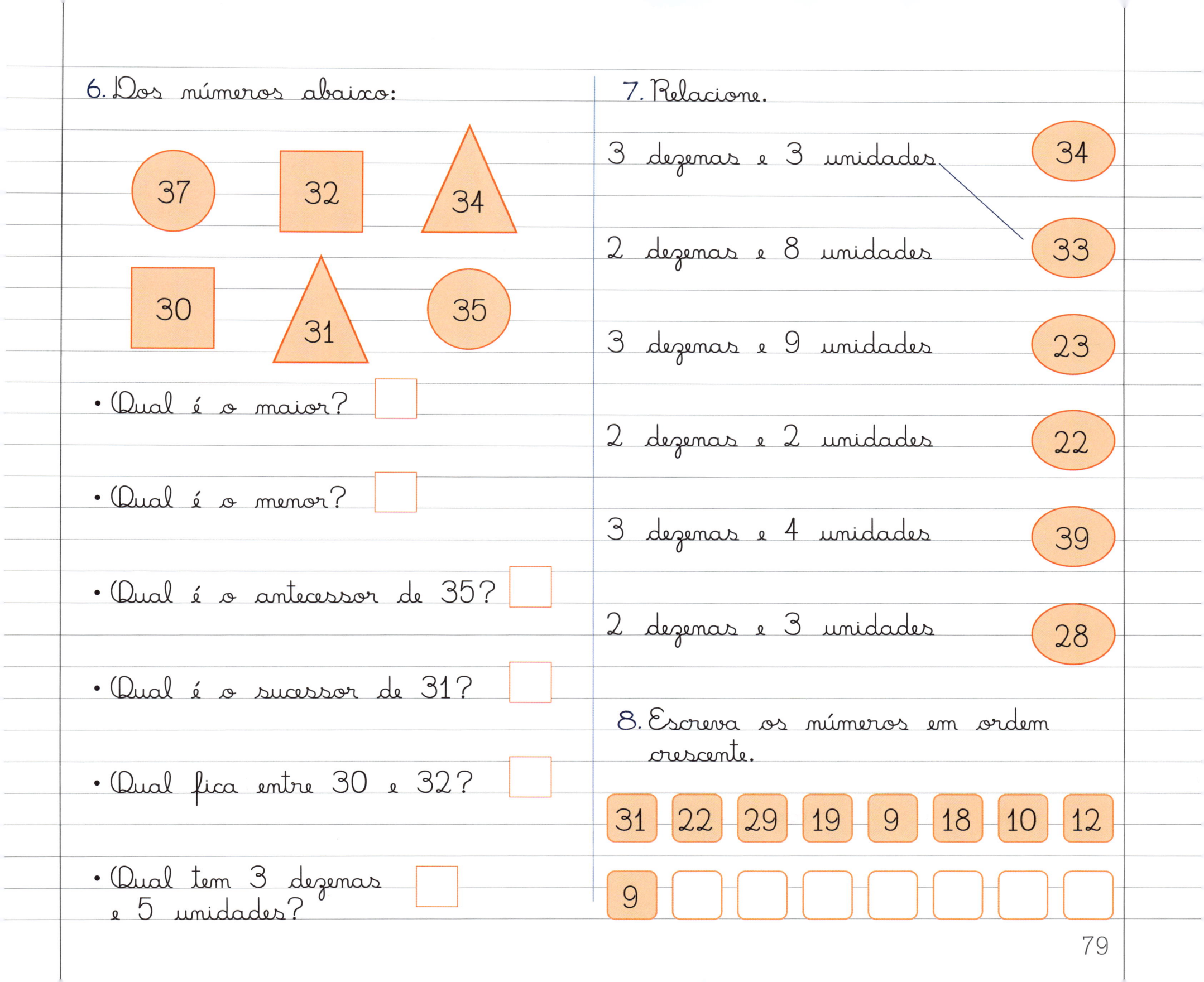

- 37
- 32
- 34
- 30
- 31
- 35

- Qual é o maior? ☐
- Qual é o menor? ☐
- Qual é o antecessor de 35? ☐
- Qual é o sucessor de 31? ☐
- Qual fica entre 30 e 32? ☐
- Qual tem 3 dezenas e 5 unidades? ☐

7. Relacione.

3 dezenas e 3 unidades — 34

2 dezenas e 8 unidades — 33

3 dezenas e 9 unidades — 23

2 dezenas e 2 unidades — 22

3 dezenas e 4 unidades — 39

2 dezenas e 3 unidades — 28

8. Escreva os números em ordem crescente.

| 31 | 22 | 29 | 19 | 9 | 18 | 10 | 12 |

| 9 | | | | | | | |

Números de 40 a 49

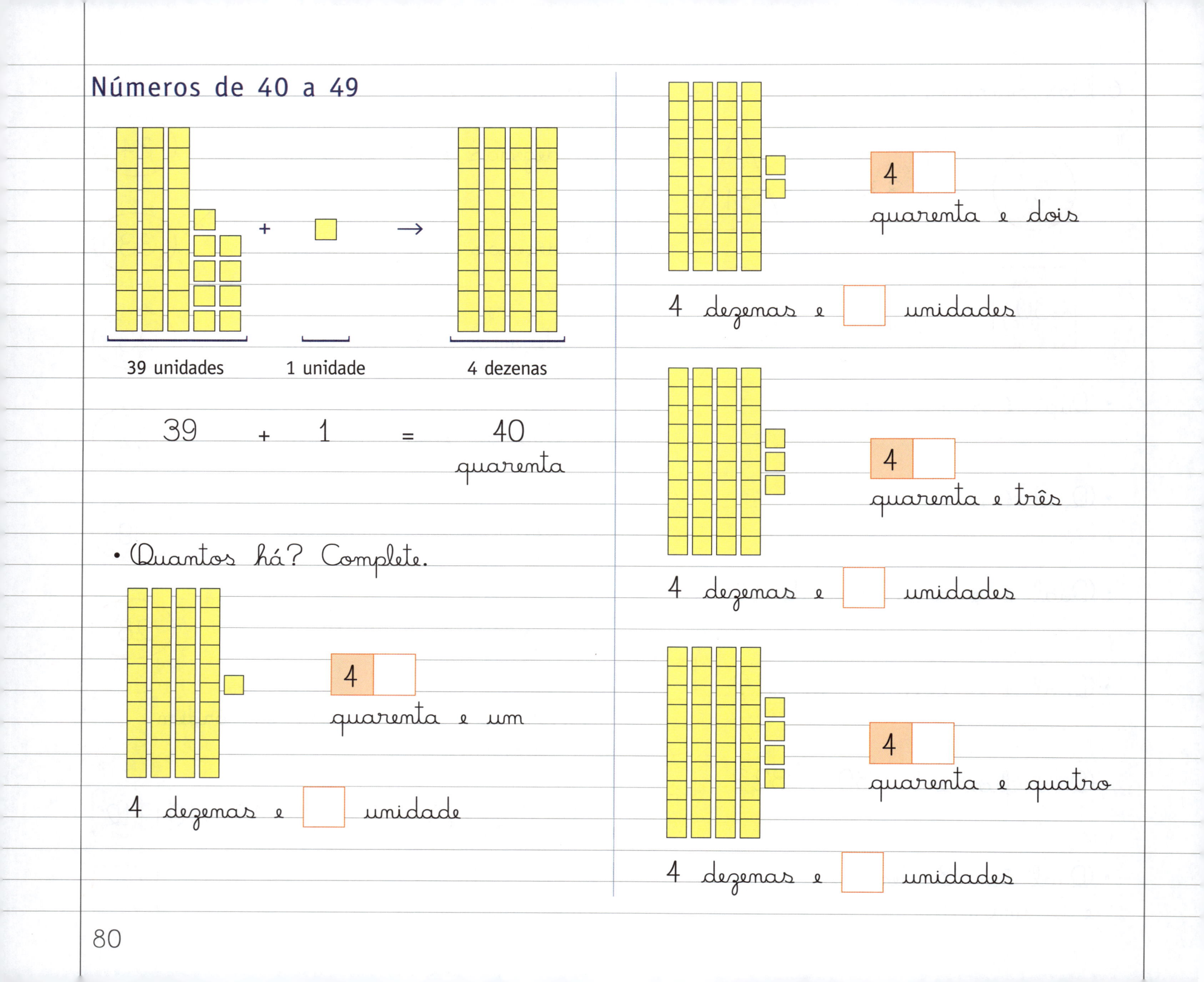

39 unidades + 1 unidade → 4 dezenas

39 + 1 = 40
quarenta

• Quantos há? Complete.

4 dezenas e ☐ unidade
quarenta e um

4 dezenas e ☐ unidades
quarenta e dois

4 dezenas e ☐ unidades
quarenta e três

4 dezenas e ☐ unidades
quarenta e quatro

| 4 | | quarenta e cinco

4 dezenas e ☐ unidades

| 4 | | quarenta e oito

4 dezenas e ☐ unidades

| 4 | | quarenta e seis

4 dezenas e ☐ unidades

| 4 | | quarenta e nove

4 dezenas e ☐ unidades

| 4 | | quarenta e sete

4 dezenas e ☐ unidades

9. Coloque os números em ordem decrescente.

| 47 | 31 | 14 | 29 | 41 | 39 | 26 | 38 |

| 47 | | | | | | | |

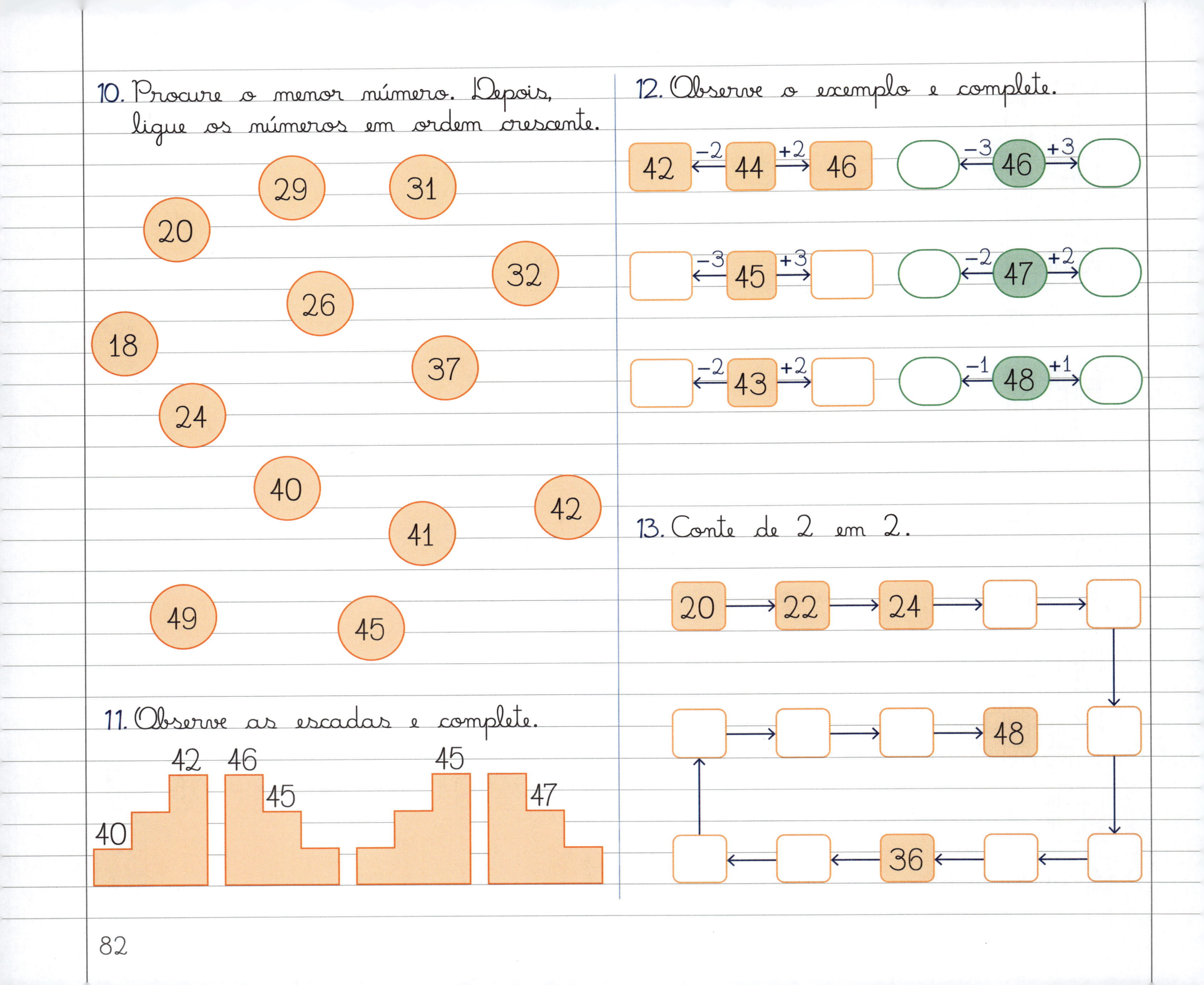

10. Procure o menor número. Depois, ligue os números em ordem crescente.

29 31
20
      32
   26
18
        37
   24
        40
              42
           41
   49
        45

11. Observe as escadas e complete.

42 46   45
       45   47
40

12. Observe o exemplo e complete.

42 ←−2− 44 −+2→ 46   ◯ ←−3− **46** −+3→ ◯

☐ ←−3− 45 −+3→ ☐   ◯ ←−2− **47** −+2→ ◯

☐ ←−2− 43 −+2→ ☐   ◯ ←−1− **48** −+1→ ◯

13. Conte de 2 em 2.

20 → 22 → 24 → ☐ → ☐

☐ → ☐ → ☐ → 48 → ☐

☐ ← ☐ ← 36 ← ☐ ← ☐

Números de 50 a 59

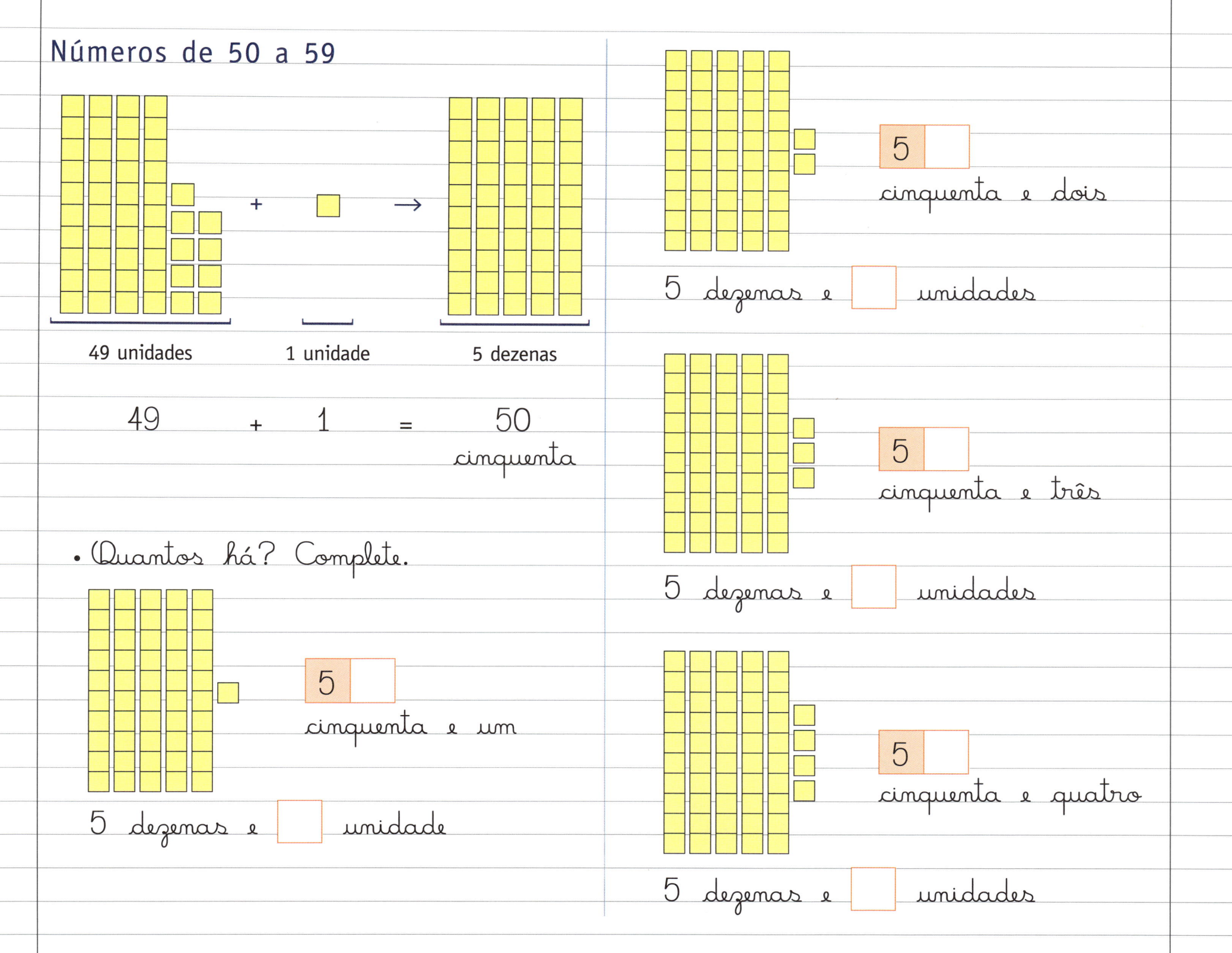

49 unidades + 1 unidade → 5 dezenas

49 + 1 = 50
cinquenta

- Quantos há? Complete.

5 1 — cinquenta e um
5 dezenas e ☐ unidade

5 2 — cinquenta e dois
5 dezenas e ☐ unidades

5 3 — cinquenta e três
5 dezenas e ☐ unidades

5 4 — cinquenta e quatro
5 dezenas e ☐ unidades

| 5 | |

cinquenta e cinco

5 dezenas e ☐ unidades

| 5 | |

cinquenta e seis

5 dezenas e ☐ unidades

| 5 | |

cinquenta e sete

5 dezenas e ☐ unidades

| 5 | |

cinquenta e oito

5 dezenas e ☐ unidades

| 5 | |

cinquenta e nove

5 dezenas e ☐ unidades

14. Complete com o antecessor e o sucessor.

Antecessor		Sucessor	
☐ ←	50	49 →	☐
☐ ←	40	39 →	☐

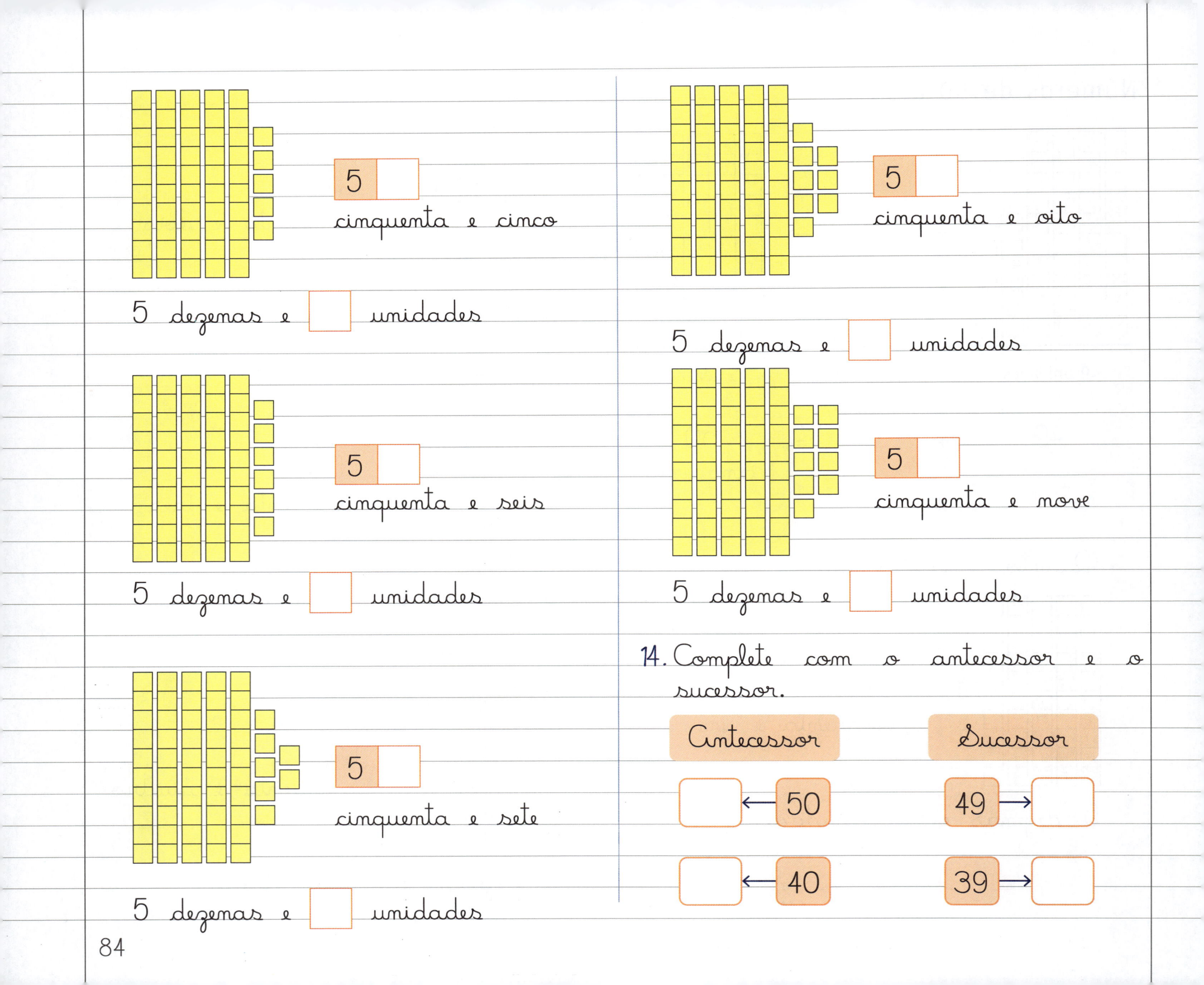

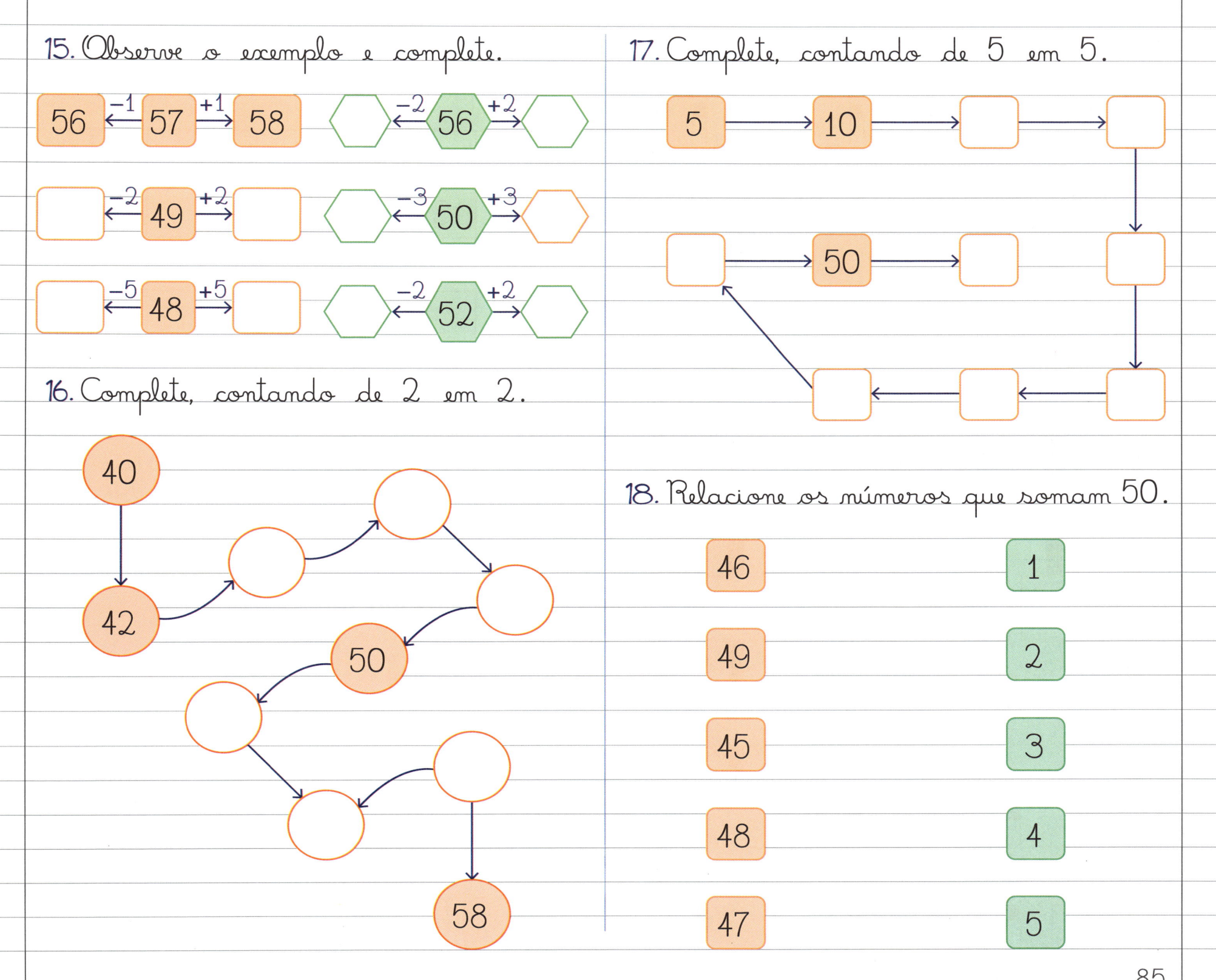

15. Observe o exemplo e complete.

56 ←−1— 57 —+1→ 58   ⬡ ←−2— 56 —+2→ ⬡

☐ ←−2— 49 —+2→ ☐   ⬡ ←−3— 50 —+3→ ⬡

☐ ←−5— 48 —+5→ ☐   ⬡ ←−2— 52 —+2→ ⬡

16. Complete, contando de 2 em 2.

40 → 42 → ○ → ○ → ○ → 50 → ○ → ○ → ○ → 58

17. Complete, contando de 5 em 5.

5 → 10 → ☐ → ☐ → ☐ → 50 → ☐ → ☐ → ☐ → ☐ → ☐

18. Relacione os números que somam 50.

46	1
49	2
45	3
48	4
47	5

19. Complete a sequência.

20. Complete o quadro com os números que faltam.

1	2			5		7			10
		13			16			19	
			25				28		30
31					36		38		
41									50

21. Qual é a dezena exata mais próxima? Observe os exemplos e complete.

29 → 30   52 →

34 → 30   49 →

48 →   19 →

44 →   11 →

37 →   33 →

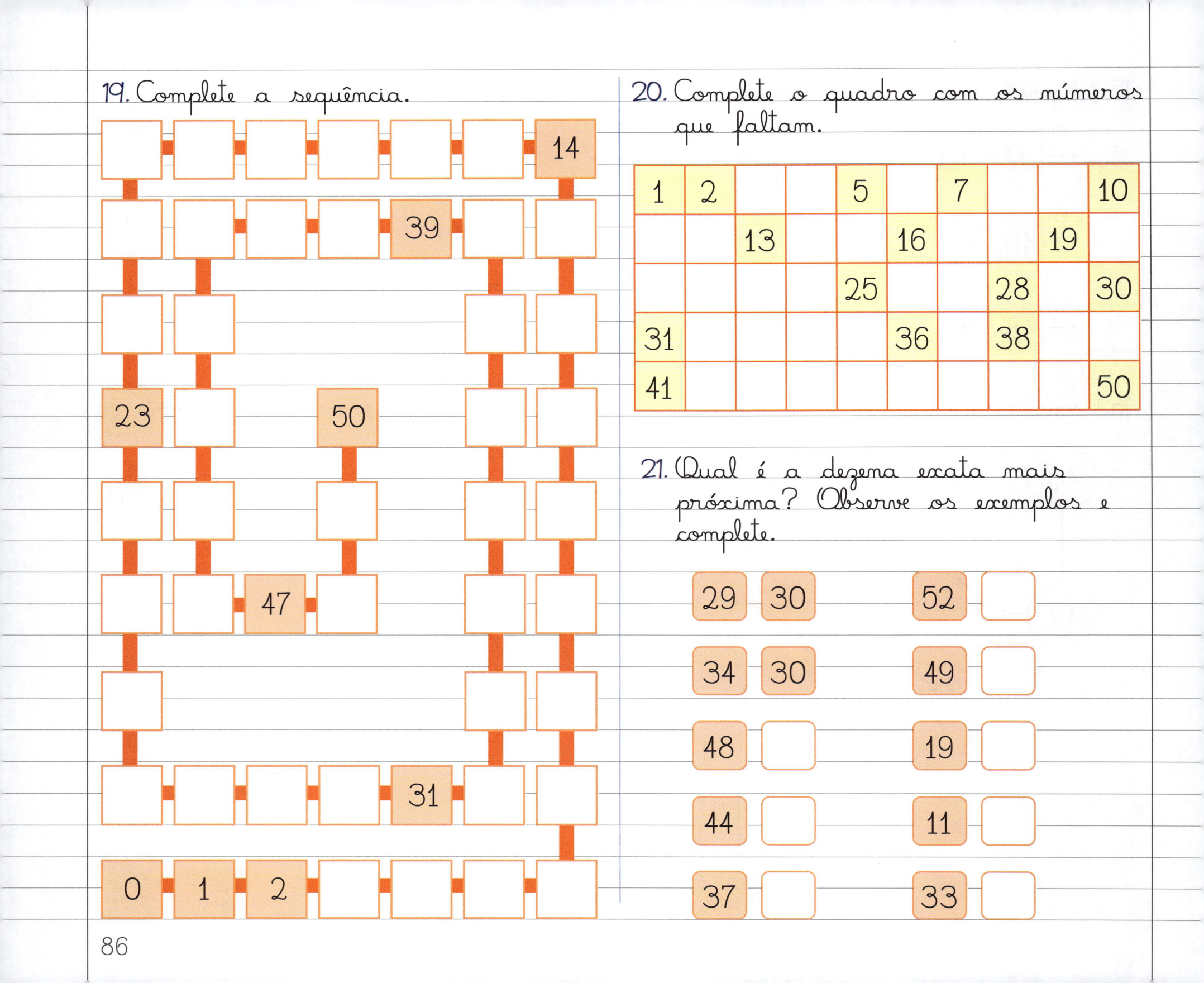

86

Bloco 14: Números

CONTEÚDO
- Números pares e números ímpares

Números pares e números ímpares

> Os **números pares** são aqueles que formam grupos de 2 em 2 e não sobra nenhum elemento.
>
> Os **números ímpares** são aqueles que, ao formarem grupos de 2 em 2, sobra sempre um elemento.

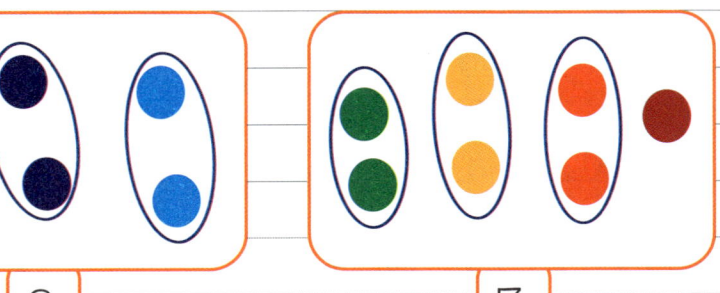

6
Par

7
Ímpar

1. Circule as figuras, formando grupos de 2. Depois, responda.

   a) Quantas pipas há? ☐

   b) Quantos pares formam? ☐

   c) Sobrou alguma pipa?

   ☐ Sim ☐ Não

   d) Então, o número 2 é _____.

2.

   a) Quantas bonecas há? ☐

   b) Quantos pares formam? ☐

   c) Sobrou alguma boneca?

   ☐ Sim ☐ Não

   d) Então, o número 3 é _____.

3.

a) Quantos carrinhos há? ☐

b) Quantos pares formam? ☐

c) Sobrou algum carrinho?

☐ Sim ☐ Não

d) Então, o número 4 é ☐.

4.

a) Quantas maçãs há? ☐

b) Quantos pares formam? ☐

c) Sobrou alguma maçã?

☐ Sim ☐ Não

d) Então, o número 5 é ☐.

5.

a) Quantas flores há? ☐

b) Quantos pares formam? ☐

c) Sobrou alguma flor?

☐ Sim ☐ Não

d) Então, o número 6 é ☐.

6.

a) Quantos bolos há? ☐

b) Quantos pares formam? ☐

c) Sobrou algum bolo?

☐ Sim ☐ Não

d) Então, o número 7 é ☐.

7.

a) Quantas petecas há? ☐

b) Quantos pares formam? ☐

c) Sobrou alguma peteca?

☐ Sim ☐ Não

d) Então, o número 8 é ☐.

8.

a) Quantos piões há? ☐

b) Quantos pares formam? ☐

c) Sobrou algum pião?

☐ Sim ☐ Não

d) Então, o número 9 é ☐.

9. Conte de 2 em 2 e complete.

Números pares

| 0 | 2 | 4 | | | | | |

Números ímpares

| 1 | 3 | 5 | | | | | |

10. Observe estes números.

8   14   1   21
  18   9
10   11   17   12   2

Separe esses números em 2 grupos.

Números pares	Números ímpares

Bloco 15: Grandezas e medidas

CONTEÚDO

MEDIDAS DE TEMPO
- Dia e noite
- Dias da semana
- Os meses do ano
- Data
- Ordem dos acontecimentos

MEDIDAS DE TEMPO

Dia e noite

Todos os dias você levanta cedo, toma café e vai para a escola.

Terminada a aula, volta para casa, almoça, brinca e faz as tarefas escolares.

Mais tarde, janta, assiste à TV, descansa e dorme.

No dia seguinte, começa tudo de novo. Acordar, ir para escola, estudar, brincar...

Esse é o período de UM DIA.

1. Escreva, nos quadros, se você executa essas ações pela manhã, à tarde, ou à noite.

Estudar

Brincar

Assistir TV

Dormir _____

Almoçar _____

Ficar com a família _____

2. Escreva, ou desenhe, o que você costuma fazer nestes horários.

7 horas da manhã [07:00]	10 horas da manhã [10:00]
1 hora da tarde [01:00]	4 horas da tarde [04:00]
6 horas da tarde [06:00]	8 horas da noite [08:00]

Dias da semana

Veja o calendário do mês de janeiro do ano de 2022.

JANEIRO 2022						
DOM	SEG	TER	QUA	QUI	SEX	SÁB
						1
2	3	4	5	6	7	8
9	10	11	12	13	14	15
16	17	18	19	20	21	22
23	24	25	26	27	28	29
30	31					

Nesse calendário estão indicados o ano, o mês, os dias do mês e também os dias da semana.

D: Domingo

S: Segunda-feira

T: Terça-feira

Q: Quarta-feira

Q: Quinta-feira

S: Sexta-feira

S: Sábado

3. Observe o calendário e responda.

a) A semana tem _____ dias.

b) O _____ é o primeiro dia da semana.

c) Os dias da semana que começam com a letra S são:

d) Vou à escola nos seguintes dias da semana:

4. Observe em qual dia da semana cada criança faz aniversário.

Domingo	2ª-feira	3ª-feira	4ª-feira	5ª-feira	6ª-feira	Sábado
	1	2	3		5	6
7	8	9	10	11	12	
14	15	16	17	18		20
	22	23	24	25	26	27
28	29		31			

Dê um nome para cada criança e complete o quadro.

	Nome	
👦	Quinta,	dia 4
👧	_____ ,	dia ___
👦	_____ ,	dia ___
👦	_____ ,	dia ___
👧	_____ ,	dia ___

Agora, responda.

a) Quais são os dias da semana em que não há aniversariantes?

b) Qual é o dia da semana de que você mais gosta? Por quê?

c) Qual é o nome da criança que aniversaria antes do dia 5?

d) Quem faz aniversário depois do dia 20? Escreva os nomes.

e) Quem faz aniversário no dia 13? Qual é o dia da semana?

f) Qual é o nome do último aniversariante do mês? Quais são o dia da semana e a data do aniversário?

5. Complete o quadro.

Ontem	Hoje	Amanhã
	Segunda-feira	
Quarta-feira		
	Sexta-feira	
		Quinta-feira

6. Observe o calendário e responda.

a) 1 semana tem _____ dias.
b) 2 semanas têm _____ dias.
c) 3 semanas têm _____ dias.
d) 4 semanas têm _____ dias.

Os meses do ano

O ano tem 12 meses.
Veja no quadro quantos dias tem cada mês.

	Mês	Dias
1	Janeiro	31 dias
2	Fevereiro	28 ou 29 dias
3	Março	31 dias
4	Abril	30 dias
5	Maio	31 dias
6	Junho	30 dias
7	Julho	31 dias
8	Agosto	31 dias
9	Setembro	30 dias
10	Outubro	31 dias
11	Novembro	30 dias
12	Dezembro	31 dias

7. Complete o quadro com os dias do mês atual e responda às perguntas.

Mês: _____ Ano: _____						
Domingo	Segunda--feira	Terça--feira	Quarta--feira	Quinta--feira	Sexta--feira	Sábado

a) Em que mês estamos?

b) Quantos dias tem esse mês?

c) Que dia é hoje?

d) Qual é o dia da semana?

> Um ano tem 12 meses.
> Um mês tem 30 dias ou 31 dias.
> O mês de fevereiro tem 28 dias ou 29 dias.

8. Responda.

a) Quais são os meses do ano que têm 30 dias?

b) Quais são os meses do ano que têm 31 dias?

c) Qual é o mês do ano que tem 28 ou 29 dias?

9. Pinte os retângulos.

a) De azul: o mês em que você nasceu.

b) De vermelho: o mês em que comemoramos o Dia das Crianças.

c) De amarelo: o mês em que comemoramos o Dia da Árvore.

d) De marrom: o 7º mês do ano.

e) De verde: o último mês do ano.

janeiro	fevereiro	março
abril	maio	junho
julho	agosto	setembro
outubro	novembro	dezembro

10. Complete o quadro.

janeiro	1º mês	31 dias
março		
maio		
julho		
setembro		
outubro		
novembro		

11. Observe o exemplo e complete.

Mês anterior	Mês atual	Próximo mês
agosto	setembro	outubro
	abril	
	novembro	
	fevereiro	
	julho	
	janeiro	

12. Indique o mês do ano em que se comemora:

a) Dia dos Pais:

b) Dia das Mães:

c) Dia do Professor:

d) Dia da Independência do Brasil:

e) Natal:

f) Dia do Trabalho:

g) Festas juninas:

h) Dia da Árvore:

i) Dia dos Finados:

Data

Que dia é hoje?

Veja no calendário o dia de aniversário de Luana.

MARÇO 2022						
DOM	SEG	TER	QUA	QUI	SEX	SÁB
		1	2	3	4	5
6	7	8	9	10	11	12
13	14	15	16	17	18	(19)
20	21	22	23	24	25	26
27	28	29	30	31		

- Em que mês Luana faz aniversário?

- Em que dia do mês?

Veja como se representa essa data. Vamos imaginar que estamos em 2022.

19/	03/	2022
Dia	Mês	Ano

13. Agora, represente estas datas.

20 de fevereiro de 2018	20/02/2018
30 de outubro de 1990	
7 de setembro de 2002	
25 de dezembro de 2021	
1 de novembro de 2010	
Seu aniversário	

Ordem dos acontecimentos

14. Enumere as cenas de acordo com a sequência dos acontecimentos:

a)

98

b)

c)

99

Bloco 16: Grandezas e medidas

CONTEÚDO

NOSSO DINHEIRO
- Moedas de real
- Cédulas de real
- Trocas que podemos fazer
- Situações de compra e troco

NOSSO DINHEIRO

Nosso dinheiro é o real.

O símbolo do real é R$.

Moedas de Real

| 25 centavos | 1 real | 50 centavos | 10 centavos | 5 centavos |

Cédulas de Real

2 reais   5 reais

10 reais    20 reais

50 reais   100 reais

1. Complete.

a) Nosso dinheiro é o _____.

b) O símbolo do real é _____.

Veja algumas trocas que eu posso fazer.

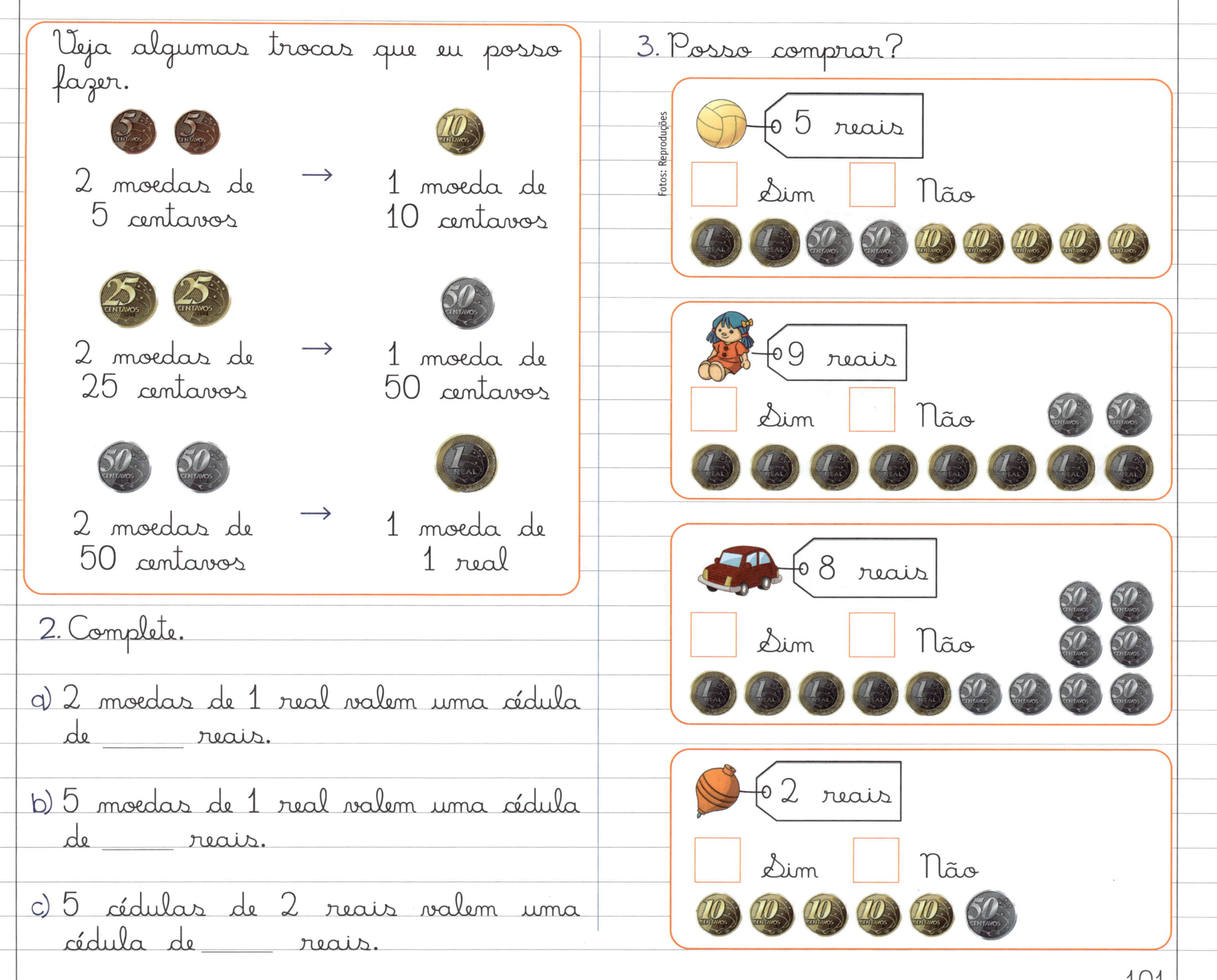

2 moedas de 5 centavos → 1 moeda de 10 centavos

2 moedas de 25 centavos → 1 moeda de 50 centavos

2 moedas de 50 centavos → 1 moeda de 1 real

2. Complete.

a) 2 moedas de 1 real valem uma cédula de _____ reais.

b) 5 moedas de 1 real valem uma cédula de _____ reais.

c) 5 cédulas de 2 reais valem uma cédula de _____ reais.

3. Posso comprar?

5 reais
☐ Sim ☐ Não

9 reais
☐ Sim ☐ Não

8 reais
☐ Sim ☐ Não

2 reais
☐ Sim ☐ Não

4. Observe os preços.

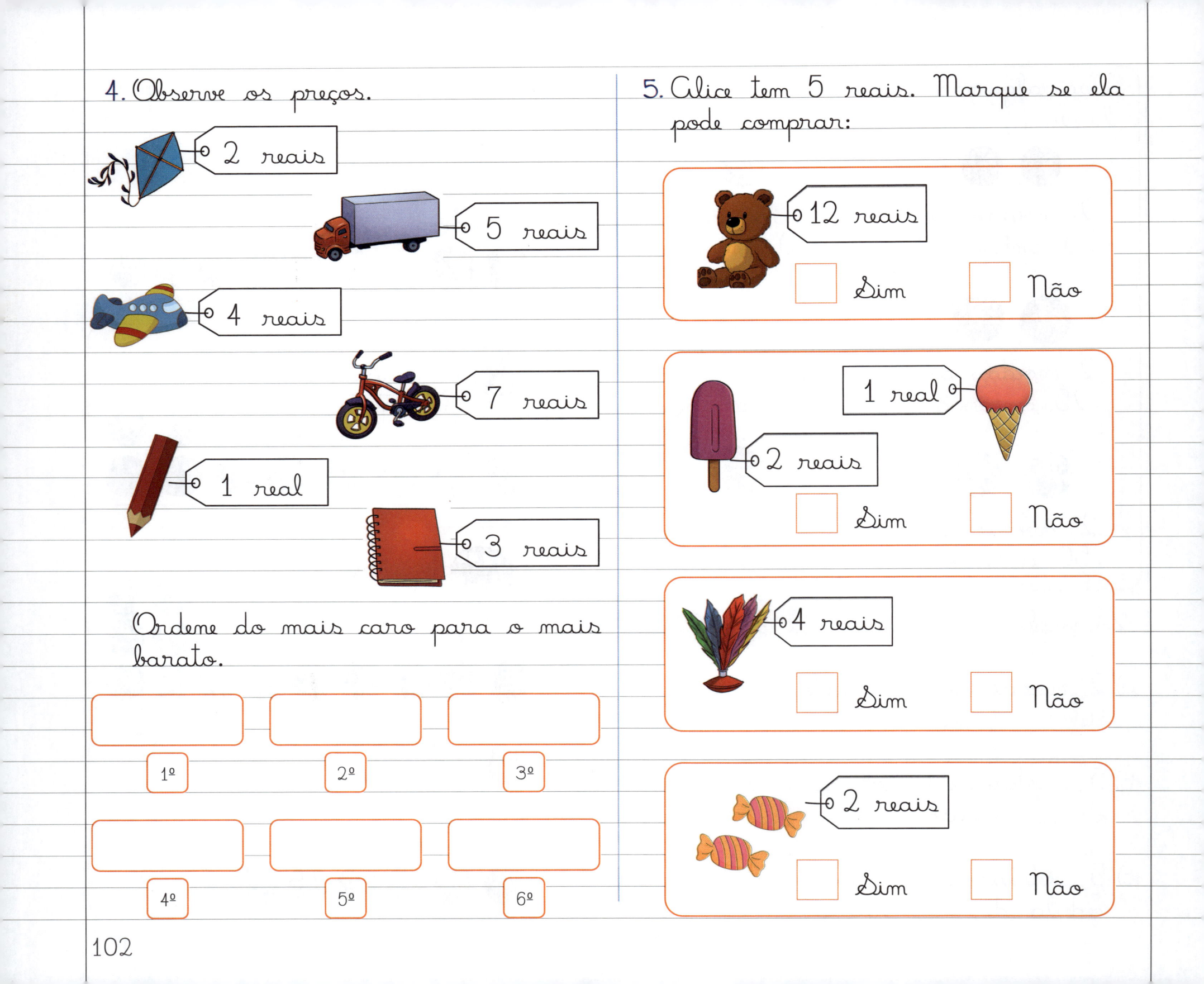

- pipa — 2 reais
- caminhão — 5 reais
- avião — 4 reais
- bicicleta — 7 reais
- lápis — 1 real
- caderno — 3 reais

Ordene do mais caro para o mais barato.

1º	2º	3º
4º	5º	6º

5. Alice tem 5 reais. Marque se ela pode comprar:

- urso — 12 reais ☐ Sim ☐ Não
- picolé — 2 reais / sorvete — 1 real ☐ Sim ☐ Não
- penas — 4 reais ☐ Sim ☐ Não
- balas — 2 reais ☐ Sim ☐ Não

6. Resolva.

Paulo tem 15 reais.

Leonardo tem 10 reais.

a) Quem tem a maior quantia?

b) Quanto a mais?

c) Quanto têm os dois meninos juntos?

d) Desenhe abaixo o que você pode comprar com essa quantia.

7. Escreva por extenso.
a) R$ 1,00
b) R$ 2,00
c) R$ 5,00
d) R$ 10,00
e) R$ 20,00
f) R$ 50,00
g) R$ 100,00

Trocas que podemos fazer

8. Observe os grupos de moedas. Ligue os grupos que têm o mesmo valor.

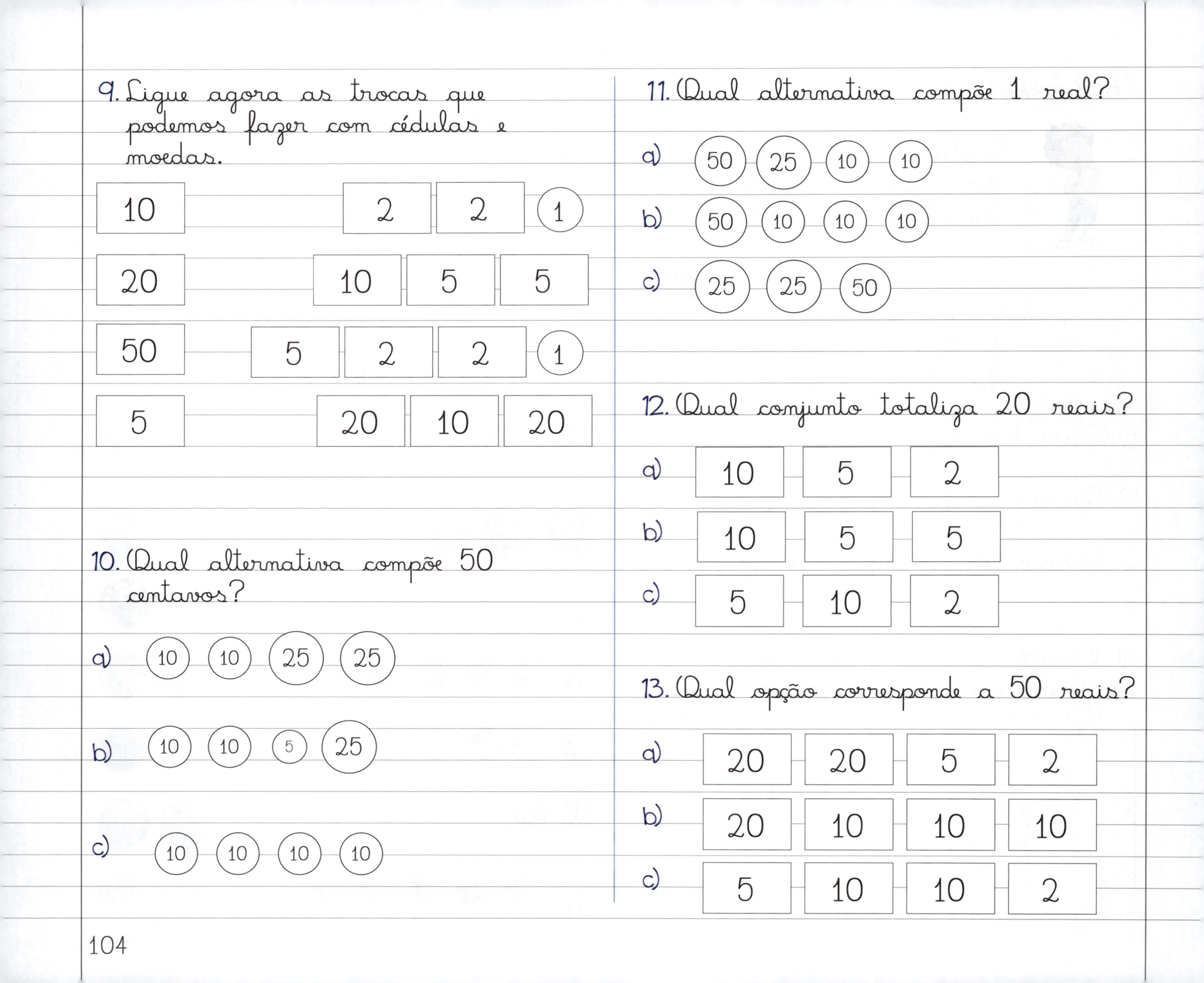

9. Ligue agora as trocas que podemos fazer com cédulas e moedas.

10		2	2	1
20	10	5	5
50	5	2	2	1
5	20	10	20

10. Qual alternativa compõe 50 centavos?

a) (10) (10) (25) (25)

b) (10) (10) (5) (25)

c) (10) (10) (10) (10)

11. Qual alternativa compõe 1 real?

a) (50) (25) (10) (10)

b) (50) (10) (10) (10)

c) (25) (25) (50)

12. Qual conjunto totaliza 20 reais?

a) | 10 | 5 | 2 |

b) | 10 | 5 | 5 |

c) | 5 | 10 | 2 |

13. Qual opção corresponde a 50 reais?

a) | 20 | 20 | 5 | 2 |

b) | 20 | 10 | 10 | 10 |

c) | 5 | 10 | 10 | 2 |

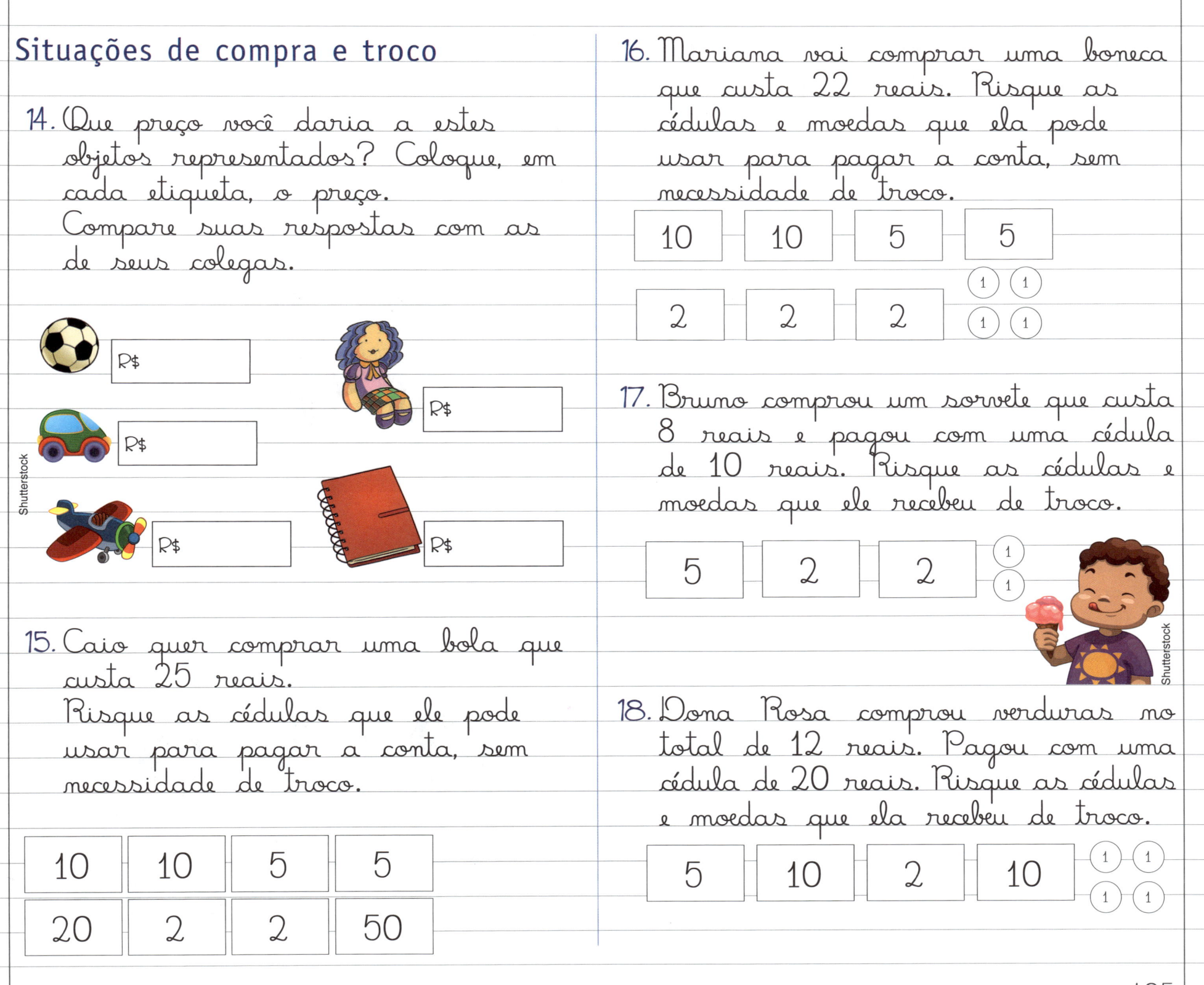

Situações de compra e troco

14. Que preço você daria a estes objetos representados? Coloque, em cada etiqueta, o preço.
Compare suas respostas com as de seus colegas.

R$ ⬜ (bola)
R$ ⬜ (carrinho)
R$ ⬜ (avião)
R$ ⬜ (boneca)
R$ ⬜ (caderno)

15. Caio quer comprar uma bola que custa 25 reais.
Risque as cédulas que ele pode usar para pagar a conta, sem necessidade de troco.

10	10	5	5
20	2	2	50

16. Mariana vai comprar uma boneca que custa 22 reais. Risque as cédulas e moedas que ela pode usar para pagar a conta, sem necessidade de troco.

10	10	5	5
2	2	2	

moedas: 1, 1, 1, 1

17. Bruno comprou um sorvete que custa 8 reais e pagou com uma cédula de 10 reais. Risque as cédulas e moedas que ele recebeu de troco.

| 5 | 2 | 2 |

moedas: 1, 1

18. Dona Rosa comprou verduras no total de 12 reais. Pagou com uma cédula de 20 reais. Risque as cédulas e moedas que ela recebeu de troco.

| 5 | 10 | 2 | 10 |

moedas: 1, 1, 1, 1

Bloco 17: Probabilidade e Estatística

CONTEÚDO
- Noção de acaso
- Gráficos e tabelas

Noção de acaso

1. Com a sua turma, crie símbolos para identificar as seguintes situações:

- Talvez aconteça
- Acontecerá com certeza
- Impossível acontecer

2. A partir dos símbolos criados, classifique os eventos a seguir.

a) Brincar na chuva.

b) Brincar com os amigos.

c) Passear no tapete voador.

d) Chover presentes.

3. Para cada afirmação a seguir, responda A, B ou C.

(A) Talvez aconteça.
(B) Acontecerá com certeza.
(C) Impossível acontecer.

- Hoje está chovendo. Amanhã também vai chover. (   )

- Eu tenho 6 anos. No próximo ano, vou fazer 7 anos. (   )

- Eu tenho 8 anos. No próximo ano, vou fazer 12 anos. (   )

- Minha mãe ganhou flores no aniversário. Este ano também vai ganhar flores. (   )

- Gustavo marcou um gol no jogo de ontem. Hoje também ele vai marcar um gol. (   )

- Este ano, o Natal vai cair no dia 25 de dezembro. (   )

Gráficos e tabelas

4. A professora do 1º ano da escola Espaço do Aprender fez uma pesquisa com os alunos sobre quais materiais eles tinham no estojo. Perguntou a cada aluno "Que materiais você tem no estojo?". Para cada resposta, fez um risquinho nesta tabela. Observe.

MATERIAIS ESCOLARES QUE OS ALUNOS TÊM NO ESTOJO	
OBJETO	RESPOSTA AFIRMATIVA
lápis	IIIIIIIIIII
caneta	IIIII
borracha	IIIIIIII
apontador	IIII
tesoura	III
cola	IIIII

Conte e anote nesta tabela as quantidades de cada objeto.

OBJETO	lápis	caneta	borracha	apontador	tesoura	cola
RESPOSTAS						

Com os dados dessa tabela, vamos construir um gráfico de colunas. Complete as colunas que faltam neste gráfico.

MATERIAIS ESCOLARES QUE OS ALUNOS TÊM NO ESTOJO

Observe o gráfico e responda.

a) Quantos alunos tinham lápis no estojo? ____

b) Quantos alunos tinham borracha no estojo? ____

c) Qual foi o material menos encontrado no estojo? ____

d) Qual foi o material mais encontrado no estojo? ____

5. Observe este calendário ilustrado de um mês de Fevereiro.

FEVEREIRO						
DOM	SEG	TER	QUA	QUI	SEX	SÁB
	1 ☁	2 ☁	3 ☁	4 ☀	5 ☀	6 ☀
7 🌧	8 🌧	9 🌧	10 🌧	11 ☁	12 ☁	13 ☀
14 ☀	15 ☀	16 ☀	17 ☀	18 🌧	19 🌧	20 ☁
21 ☁	22 ☁	23 ☀	24 ☀	25 ☀	26 ☀	27 ☀
28 ☁						

☀ Sol
☁ Nublado
🌧 Chuvoso

a) Quantos dias foram de sol? ____

b) Quantos dias foram de chuva? ____

c) O dia 20 foi _____.

d) Para indicar quantos dias foram de sol, nublado ou de chuva, pinte um quadradinho para cada dia.

CONDIÇÕES DO TEMPO EM FEVEREIRO

(gráfico de barras em branco, eixo vertical de 1 a 13, eixo horizontal com ícones: ☀ ☁ 🌧)

109

Responda olhando o gráfico que você pintou.

e) Houve mais dias de sol ou de chuva? _____

f) Quantos dias foram nublados? _____

6. Vamos fazer uma pesquisa sobre a cor preferida dos alunos da sala.

Pergunta: Qual é a sua cor preferida?

a) Ao fazer a pesquisa, registre os votos como você preferir: com risquinhos, bolinhas etc.

b) Após realizar a pesquisa, registre quantas pessoas escolheram cada cor.

c) Depois, responda a estas perguntas:

- Qual cor teve mais votos? _____

- Qual cor teve menos votos? _____

COR PREFERIDA DOS ALUNOS DO 1º ANO B		
Cores	Meninos	Meninas
Vermelho		
Azul		
Verde		
Amarelo		
Laranja		
Outra cor		

TABUADA DA ADIÇÃO

0 + 1 = 1	0 + 2 = 2	0 + 3 = 3	0 + 4 = 4	0 + 5 = 5
1 + 1 = 2	1 + 2 = 3	1 + 3 = 4	1 + 4 = 5	1 + 5 = 6
2 + 1 = 3	2 + 2 = 4	2 + 3 = 5	2 + 4 = 6	2 + 5 = 7
3 + 1 = 4	3 + 2 = 5	3 + 3 = 6	3 + 4 = 7	3 + 5 = 8
4 + 1 = 5	4 + 2 = 6	4 + 3 = 7	4 + 4 = 8	4 + 5 = 9
5 + 1 = 6	5 + 2 = 7	5 + 3 = 8	5 + 4 = 9	5 + 5 = 10
6 + 1 = 7	6 + 2 = 8	6 + 3 = 9	6 + 4 = 10	6 + 5 = 11
7 + 1 = 8	7 + 2 = 9	7 + 3 = 10	7 + 4 = 11	7 + 5 = 12
8 + 1 = 9	8 + 2 = 10	8 + 3 = 11	8 + 4 = 12	8 + 5 = 13
9 + 1 = 10	9 + 2 = 11	9 + 3 = 12	9 + 4 = 13	9 + 5 = 14
0 + 6 = 6	0 + 7 = 7	0 + 8 = 8	0 + 9 = 9	0 + 10 = 10
1 + 6 = 7	1 + 7 = 8	1 + 8 = 9	1 + 9 = 10	1 + 10 = 11
2 + 6 = 8	2 + 7 = 9	2 + 8 = 10	2 + 9 = 11	2 + 10 = 12
3 + 6 = 9	3 + 7 = 10	3 + 8 = 11	3 + 9 = 12	3 + 10 = 13
4 + 6 = 10	4 + 7 = 11	4 + 8 = 12	4 + 9 = 13	4 + 10 = 14
5 + 6 = 11	5 + 7 = 12	5 + 8 = 13	5 + 9 = 14	5 + 10 = 15
6 + 6 = 12	6 + 7 = 13	6 + 8 = 14	6 + 9 = 15	6 + 10 = 16
7 + 6 = 13	7 + 7 = 14	7 + 8 = 15	7 + 9 = 16	7 + 10 = 17
8 + 6 = 14	8 + 7 = 15	8 + 8 = 16	8 + 9 = 17	8 + 10 = 18
9 + 6 = 15	9 + 7 = 16	9 + 8 = 17	9 + 9 = 18	9 + 10 = 19

TABUADA DA SUBTRAÇÃO

1 – 1 = 0	2 – 2 = 0	3 – 3 = 0	4 – 4 = 0	5 – 5 = 0
2 – 1 = 1	3 – 2 = 1	4 – 3 = 1	5 – 4 = 1	6 – 5 = 1
3 – 1 = 2	4 – 2 = 2	5 – 3 = 2	6 – 4 = 2	7 – 5 = 2
4 – 1 = 3	5 – 2 = 3	6 – 3 = 3	7 – 4 = 3	8 – 5 = 3
5 – 1 = 4	6 – 2 = 4	7 – 3 = 4	8 – 4 = 4	9 – 5 = 4
6 – 1 = 5	7 – 2 = 5	8 – 3 = 5	9 – 4 = 5	10 – 5 = 5
7 – 1 = 6	8 – 2 = 6	9 – 3 = 6	10 – 4 = 6	11 – 5 = 6
8 – 1 = 7	9 – 2 = 7	10 – 3 = 7	11 – 4 = 7	12 – 5 = 7
9 – 1 = 8	10 – 2 = 8	11 – 3 = 8	12 – 4 = 8	13 – 5 = 8
10 – 1 = 9	11 – 2 = 9	12 – 3 = 9	13 – 4 = 9	14 – 5 = 9
6 – 6 = 0	7 – 7 = 0	8 – 8 = 0	9 – 9 = 0	10 – 10 = 0
7 – 6 = 1	8 – 7 = 1	9 – 8 = 1	10 – 9 = 1	11 – 10 = 1
8 – 6 = 2	9 – 7 = 2	10 – 8 = 2	11 – 9 = 2	12 – 10 = 2
9 – 6 = 3	10 – 7 = 3	11 – 8 = 3	12 – 9 = 3	13 – 10 = 3
10 – 6 = 4	11 – 7 = 4	12 – 8 = 4	13 – 9 = 4	14 – 10 = 4
11 – 6 = 5	12 – 7 = 5	13 – 8 = 5	14 – 9 = 5	15 – 10 = 5
12 – 6 = 6	13 – 7 = 6	14 – 8 = 6	15 – 9 = 6	16 – 10 = 6
13 – 6 = 7	14 – 7 = 7	15 – 8 = 7	16 – 9 = 7	17 – 10 = 7
14 – 6 = 8	15 – 7 = 8	16 – 8 = 8	17 – 9 = 8	18 – 10 = 8
15 – 6 = 9	16 – 7 = 9	17 – 8 = 9	18 – 9 = 9	19 – 10 = 9

MOEDAS DO REAL

MOEDAS DO REAL

CÉDULAS DO REAL

CÉDULAS DO REAL

CÉDULAS DO REAL

MATERIAL DOURADO

1) Para construir este material, peça a ajuda de um adulto.
2) Antes de recortar as peças, cole o verso desta página em uma cartolina: o material ficará mais resistente e mais fácil de manusear.
3) Cuidado ao usar a tesoura para evitar acidentes! Utilize tesoura com pontas arredondadas.

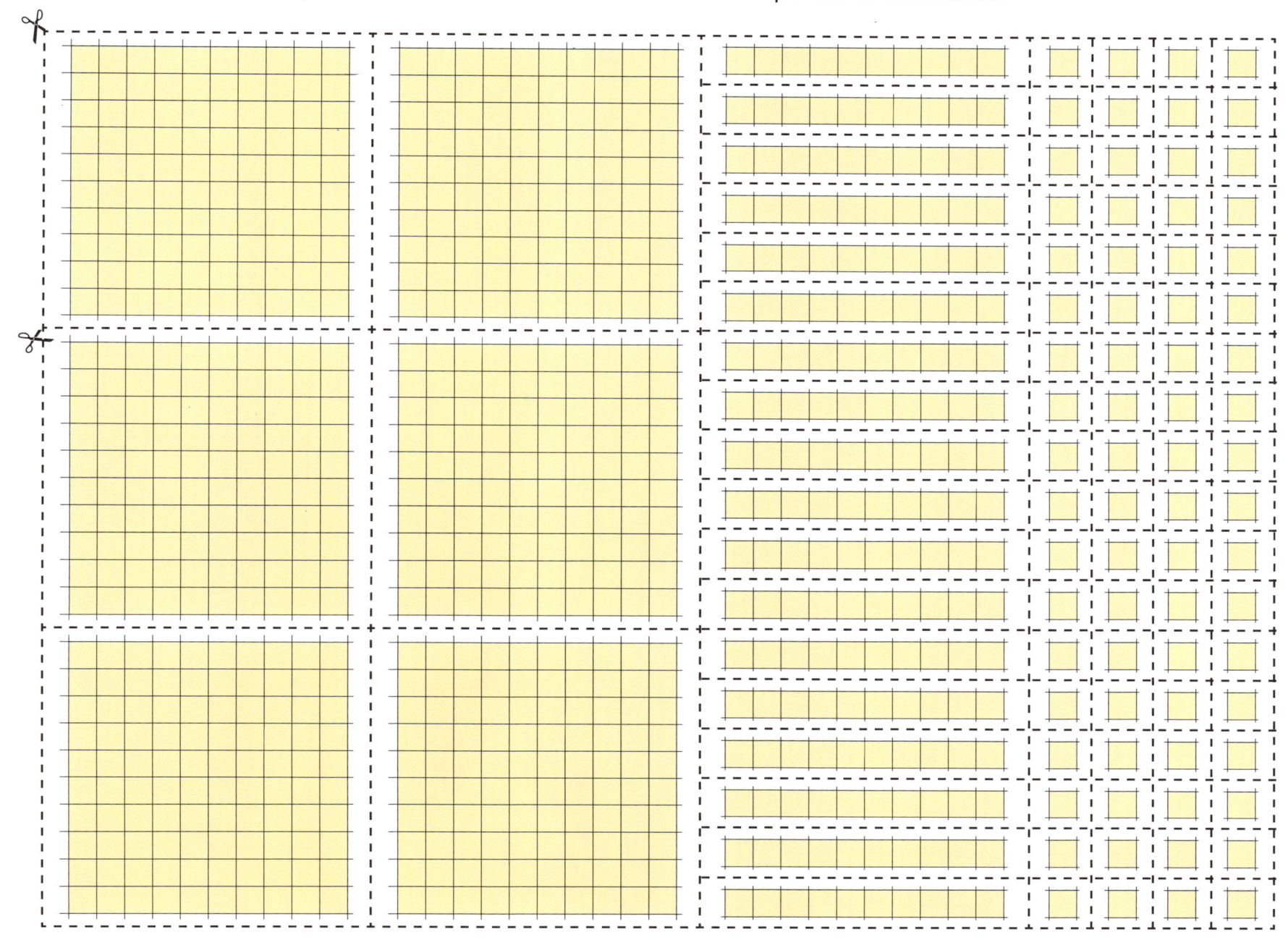

RELÓGIO DE PONTEIROS

eixo dos ponteiros